Franz Heiderich

Länderkunde der außereuropäischen Erdteile

Franz Heiderich

Länderkunde der außereuropäischen Erdteile

ISBN/EAN: 9783744637114

Hergestellt in Europa, USA, Kanada, Australien, Japan

Cover: Foto ©Andreas Hilbeck / pixelio.de

Weitere Bücher finden Sie auf **www.hansebooks.com**

Sammlung Göschen

———

Länderkunde

der

außereuropäischen Erdteile

von

Prof. Dr. F. Heiderich

Sammlung Göschen.

Unser heutiges Wissen
in kurzen, klaren,
allgemeinverständlichen
Einzeldarstellungen.
Jede Nummer in elegantem Leinwandband 80 Pf.

G. J. Göschen'sche Verlagshandlung, Leipzig.

Zweck und Ziel der „Sammlung Göschen" ist, dem gebildeten Laien eine klare, leichtverständliche Einführung in Gebiete zu verschaffen, die seinen besonderen Studien, seinem eigentlichen Berufe ferner liegen. Bei dem Streben nach allgemeiner Bildung einerseits, dem Mangel an Zeit, sich intensiver mit Nebenbeschäftigungen abzugeben andrerseits, wird es heutzutage jedem, der sich unterrichten und vorwärts kommen will, schwer, den rechten Weg zu finden: hier setzt nun die „Sammlung Göschen" ein und bietet in engem Rahmen, auf streng wissenschaftlicher Grundlage und den neuesten Fortschritten und Forschungen beruhend, aber dabei doch in einer jedermann leicht verständlichen Form, zuverlässige Belehrung. Jedes einzelne Gebiet ist vollständig selbständig vertreten, aber dennoch stehen alle Bändchen in innerem Zusammenhange miteinander, so daß das Ganze, wenn es erst einmal vollendet vorliegt, eine große, einheitliche, systematisch sich entwickelnde Darstellung unseres gesamten Wissens bilden dürfte.

Dem Fachmann aber sind die Bändchen praktische Repetitorien und Nachschlagebücher, die in übersichtlicher, alle Meinungen und Richtungen zusammenfassender, völlig objektiver Weise den modernsten allgemeinen Stand der betreffenden Wissenschaft rc. wiedergeben und somit auch ihm von Nutzen sind.

Sammlung Göschen.
Je in elegantem Leinwandband **80 Pf.**

G. J. Göschen'sche Verlagshandlung, Leipzig.

Verzeichnis der bis jetzt erschienenen Bände.

Akustik siehe: Physik, Theoret., I.

Algebra siehe: Arithmetik.

Alpen, Die, von Prof. Dr. Rob. Sieger. Mit vielen Abbild. Nr. 129.

Altertümer, Die deutschen, von Dr. Franz Fuhse. Mit vielen Abbildungen. Nr. 124.

Altertumskunde, Griech., von Prof. Dr. Rich. Maisch und Dr. Franz Pohlhammer. Mit 9 Vollbildern. Nr. 16.

Altertumskunde, Römische, von Dr. Leo Bloch. Mit 7 Vollbildern. Nr. 45.

Analysis, Höhere, I: Differentialrechnung. Von Dr. Frdr. Junker. Mit 68 Fig. Nr. 87.

— — II: Integralrechnung. Von Dr. Frd. Junker. Mit 69 Fig. Nr. 88.

— Niedere, v. Dr. Bened. Sporer. Mit 6 Figuren. Nr. 53.

Anthropologie siehe: Menschliche Körper, Der.

Arithmetik und Algebra von Prof. Dr. H. Schubert. Nr. 47.

— — Beispielsammlung von Prof. Dr. H. Schubert. Nr. 48.

Astronomie. Größe, Bewegung u. Entfernung der Himmelskörper von A. F. Möbius, neu bearb. v. Prof. Dr. W. Wislicenus. Mit 36 Abbild. u. einer Sternkarte. Nr. 11.

Astrophysik. Die Beschaffenheit der Himmelskörper. Von Prof. Dr. Walter F. Wislicenus. Mit 11 Abbildungen. Nr. 91.

Aufsatz-Entwürfe v. Prof. Dr. L. W. Straub. Nr. 17.

Baukunst, Die, des Abendlandes von Dr. K. Schäfer. Mit 22 Abbildungen. Nr. 74.

Bewegungsspiele v. Prof. Dr. E. Kohlrausch. Mit 14 Abbild. Nr. 96.

Botanik siehe: Nutzpflanzen, — Pflanze, — Pflanzenbiologie, — Pflanzen-Morphologie, — Pflanzenreich.

Brant siehe: Sachs.

Buchführung. Lehrgang der einfachen und doppelten Buchhaltung von Oberlehrer Robert Stern. Mit vielen Formularen. Nr. 115.

Burgenkunde von Hofrat Dr. O. Piper. Mit 29 Abbild. Nr. 119.

Chemie, Allgemeine und physikalische, von Dr. Max Rudolphi. Nr. 71.

— Anorganische, von Dr. Jos. Klein. Nr. 37.

— Organische, v. Dr. Jos. Klein. Nr. 38.

Cid, Der, siehe: Herder.

Dichtkunst siehe: Poetik.

Dichtungen aus mittelhochdeutscher Frühzeit. In Auswahl mit Einleitungen und Wörterbuch herausgegeben von Dr. Hermann Jantzen. Nr. 137.

Dietrichepen siehe: Kudrun.

Differentialrechnung siehe: Analysis, Höhere, I.

Elektrizität siehe: Physik, Theoretische, III.

Erziehungs- u. Unterrichtswesen siehe: Pädagogik. — Schulpraxis. — Unterrichtswesen.

Ethik v. Prof. Dr. Th. Achelis. Nr. 90.

Fischart, Johann, siehe: Sachs.

Formelsammlung, Mathematische, und Repetitorium der Mathematik, enth. die wichtigsten Formeln und Lehrsätze der Arithmetik, Algebra, algebraischen Analysis, ebenen Geometrie, Stereometrie, ebenen und sphärischen Trigonometrie, mathemat. Geographie, analyt. Geometrie der Ebene und des Raumes, der Differential- und Integralrechnung v Prof. O. Th. Bürklen. Mit 18 Fig. Nr. 51.

— Physikalische, von Prof. G. Mahler. Mit vielen Fig. Nr. 136.

Wenden!

Sammlung Göschen.

Je in elegantem Leinwandband 80 Pf.

G. J. Göschen'sche Verlagshandlung, Leipzig.

Forstwissenschaft von Prof. Dr. Ad. Schwappach. Nr. 106.

Fremdwort, D., i. Deutschen von Dr. Rud. Kleinpaul. Nr. 55.

Geodäsie von Prof. Dr. C. Reinhertz. Mit 66 Abbild. Nr. 102.

Geographie, Mathemat., zusammenhängend entwickelt und mit geordneten Denkübungen versehen von Kurt Geißler. Mit 14 Figuren. Nr. 92.

— **Physische,** v. Prof. Dr. Siegm. Günther. Mit 32 Abbild. Nr. 26.

— siehe auch: Länderkunde.

Geologie von Dr. Eberh. Fraas. Mit 16 Abbild und 4 Tafeln mit über 50 Figuren. Nr. 13.

Geometrie, Darstellende, v. Prof. Dr. Rob. Haußner. 1. Teil Mit zahlr. Figuren. Nr. 142.

— **Ebene,** von Prof. G. Mahler. Mit 115 zweifarb. Figuren. Nr. 41.

— **Analytische, der Ebene** von Prof. Dr. M. Simon. Mit 57 Figuren. Nr. 65.

— **Analytische, d. Raumes** von Prof. Dr. M. Simon. Mit 28 Abbildungen. Nr. 89.

— **Projektive,** von Dr. Karl Doehlemann. Mit 57 zum Teil zweifarbigen Figuren. Nr. 72.

Geometrisches Zeichnen siehe: Zeichnen.

Geschichte, Dtsch., im Mittelalter v. Dr. F. Kurze. Nr. 33.

— **Französische,** von Prof. Dr. R. Sternfeld. Nr. 85.

— **Griechische,** von Prof. Dr. H. Swoboda. Nr. 49.

— **des alten Morgenlandes** von Prof. Dr. Fr. Hommel. Mit 6 Bildern und 1 Karte. Nr. 43.

— **Oesterreichische, I:** Von der Urzeit bis 1526 von Prof. Dr. Frz. v. Krones. Nr. 104.

— **— II:** Von 1526 bis zur Gegenwart v. Prof. Dr. Frz. v. Krones. Nr. 105.

Geschichte, Römische, v. Dr. Julius Koch. Nr. 19.

— **Sächsische,** von Rektor Prof. Dr. C. Kaemmel. Nr. 100.

— **der Malerei** siehe: Malerei.

— **der Musik** siehe: Musik.

— **der Pädagogik** siehe: Pädagogik.

— **der deutschen Sprache** siehe: Grammatik, Deutsche.

Gesundheitslehre siehe: Menschliche Körper, Der.

Götter- und Heldensage siehe: Mythologie.

Gottfried von Straßburg siehe: Hartmann von Aue.

Grammatik, Deutsche, und kurze Geschichte der deutschen Sprache v. Dr. Otto Lyon. Nr. 20.

— **Griechische, I:** Formenlehre von Prof. Dr. Hans Meltzer. Nr. 117.

— **— II:** Syntax von Prof. Dr. Hans Meltzer. Nr. 118.

— **Lateinische,** von Prof. Dr. W. Votsch. Nr. 82.

— **Mittelhochdeutsche,** siehe: Nibelunge Not.

— **Russische,** von Dr. Erich Berneker. Nr. 66.

— — siehe auch: Russisch. Gesprächsbuch, — Lesebuch.

Graphischen Künste, Die, von Carl Kampmann. Mit 3 Beilagen und 40 Abbild. Nr. 75.

Harmonielehre von Musikdirekt. A. Halm. Mit vielen Notenbeispielen. Nr. 120.

Hartmann von Aue, Wolfram von Eschenbach u. Gottfr. von Straßburg. Auswahl aus den höf. Epos von Prof. Dr. K. Marold. Nr. 22.

Heldensage, Die deutsche, von Dr. O. L. Jiriczek. Mit 3 Tafeln. Nr. 32.

Fortsetzung auf der vierten Vorsatzseite

Kleine
naturwissenschaftliche Bibliothek
aus Sammlung Göschen.

~~~~~~~

Jedes Bändchen elegant in Leinwand gebunden 80 Pfg.

———

———

Sammlung Göschen

Länderkunde

der

außereuropäischen Erdteile

von

Dr. Franz Heiderich

Professor am „Francisco=Josephinum" in Mödling bei Wien.

Mit 11 Textkärtchen und Profilen.

Leipzig
G. J. Göschen'sche Verlagshandlung
1897

Druck von Carl Rembold in Heilbronn.

Inhaltsverzeichnis.

Litteratur.

Lehr- und Handbücher.

Guthe-Wagner: Lehrbuch der Geographie. 2 Bde. Ein vortreffliches Lehrbuch; echt wissenschaftlicher Gehalt. Eine Fülle literarischer Wegweiser
und kritischer Bemerkungen. Die 5. Auflage ist seit Langem vergriffen.
Von der 6. Auflage, welche als „Lehrbuch der Geographie von Hermann
Wagner" erscheint, sind erst zwei Lieferungen zur Ausgabe gelangt. (Han-
nover und Leipzig, Hahn. 1894 und 1896.) Aus diesen läßt sich ersehen,
daß auch die Kapitel über allgemeine Erdkunde eine völlig neue Gestaltung
erfahren haben.

A. Kirchhoff unter Mitwirkung hervorragender Fachgelehrten: Unser Wissen
von der Erde. (Leipzig und Prag, Freitag-Tempsty.) Ein monumentales
Werk. Verwertung der neuesten Forschungsergebnisse, überhaupt wissenschaftliche Gründlichkeit: der orographische Aufbau wird durch seine geo-
logische Geschichte zu erläutern versucht. Reiche und zumeist gelungene
Ausstattung mit Karten, Landschaftsbildern, Volkstypen. Leider blieb die
Länderkunde auf Europa beschränkt. Der 1. Bd., Allgemeine Erdkunde von
Hann, Hochstetter, Pokorny, erscheint eben in neuer Ausgabe,
und zwar sind die morphologisch-geologischen und die biologischen Abschnitte
von E. Brückner und A. Kirchhoff der modernen Ausgestaltung der
Wissenschaft entsprechend umgestaltet worden. Der II. und III. Bd. (1887
bis 90) enthält die Länderkunde Europas und zwar Europa im allgemeinen
von A. Kirchhoff. Physik. Skizze von Mitteleuropa von A. Penck. Das
Deutsche Reich von demselben. Oesterreich-Ungarn von A. Supan. Die
Schweiz von Egli. Niederlande und Belgien von A. Penck. Frankreich
von F. Hahn; von demselben die britischen Inseln, Dänemark, Schweden
und Norwegen, die nordischen Inseln. Finnland von Rein.

F. Heiderich: Die Erde. Eine allgemeine Erd- und Länderkunde. 1 Band.
Illustriert. Wien, Hartleben 1895.

W. Sievers, Allgemeine Länderkunde 5. Bde. Leipzig und Wien. Bibliogr.
Institut 1891--95. Verleugnet bei populärer Darstellung nicht wissen-
schaftlichen Charakter. Prächtige Ausstattung mit Karten und Bildern.
Geeignet, geographische Kenntnisse weiteren Kreisen zu vermitteln. Asien
und Afrika sind von W. Sievers abgefaßt, Amerika in Gemeinschaft mit
E. Deckert und W. Kükenthal, Australien und Ozeanien in Gemeinschaft
mit Jung und v. Lendenfeld, während Europa seine Schilderung durch
A. Philippson und L. Neumann gefunden hat.

A. S c o b e l , Geogr. Handbuch zu Andrees Handatlas mit besonderer Berück=
sichtigung der politischen, kommerziellen und statistischen Verhältnisse. Unter
Mitwirkung von A. v. Danckelmann, H. Gebauer, M. Geistbeck, E. Jung,
F. v. Juraschek, O. Krümmel, Th. Paulitschke, A. Penck, W. Petzold, H. Pola=
kowsky, J. Rein, S. Ruge. Velhagen und Klasing, Bielefeld und Leipzig
1895. — Reiches und verläßliches statistisches Material. Viele instruktive
Kärtchen und Diagramme. Dient seiner Anlage nach in den länderkund=
lichen Abschnitten mehr zum Nachschlagen als zur Lektüre.
F. v. H e l l w a l d , Die Erde und ihre Völker. 2 Bände. Illustriert. Hat
in seiner 4., von W. Ule besorgten Auflage (Stuttgart 1896) wissenschaft=
licheren Charakter gewonnen. Schöne Diction.
Elisée R o c l u s , Nouv. Géographie universelle; la terre et les
hommes. 19 Bände. Paris 1875—94. Das unbestritten bedeutendste
fremdsprachische Werk. Sprachlich wie inhaltlich ein gerundetes Kunstwerk.
Obwohl vorwiegend anthropogeographisch, doch stets die Beziehungen zur
physischen Geographie suchend. Prächtige, von Künstlerhand gezeichnete
Illustrationen, instruktive Kärtchen.
          Aeltere geographische Handbücher sind:
A. B a l b i , Allgemeine Erdbeschreibung. Illustriert. Die a c h t e von
F. H e i b e r i c h bearbeitete Auflage (3 Bände, Wien, Hartleben 1892—94)
hat in den physischen Abschnitten eine vollständige Umarbeitung erfahren.
H. A. D a n i e l : Handbuch der Geographie. 4 Bände. 6. Aufl. von B. Volz.
Leipzig, Reißland 1894—95 und
G. A. v. K l ö d e n : Handbuch der Erdkunde. 5 Bände. 3. Aufl. 1879—84.
Daniels Werk zeichnet sich durch schöne Landschaftsschilderungen und über=
haupt durch gewandte Diktion aus. Zu reich ist historisches Material
hinein verwoben. Inhaltlich wie methodisch beginnt es allgemach zu ver=
alten. Es bedarf d u r c h g r e i f e n d e r Umarbeitung. Gleiches gilt von
Klödens Handbuch, in welchem wieder das statistische Element sich allzu
breit macht. Die politischen Abschnitte tragen vorherrschend lexikalischen
Charakter.

Geographische Lexika.

Vivien de St. M a r t i n , Nouv. Dictionnaire de géographie universelle, 7 Bände, Paris 1879—94, ist unbestritten das beste und reich=
haltigste geographische Lexikon. Wissenschaftliche Behandlung der einzelnen
Kapitel, reichlicher Quellennachweis. In bedeutendem Abstande davon sei
noch genannt
R i t t e r ' s Geographisch=statistisches Lexikon (8. Auflage). Für eine Reihe von
Staaten und Ländern giebt es O r t s l e x i k a , von welchen wir nur das
sehr verläßliche und gewissenhaft zusammengestellte O r t s l e x i k o n des
Deutschen Reiches von N e u m a n n (Bibliogr. Institut) hervorheben.

Atlanten.

A. S t i e l e r ' s Handatlas über alle Teile der Erde. Gotha, Justus Perthes.
Der beste Handatlas, seiner Kupferstich, künstlerisch geschmackvolle
Ausführung, plastische Terrainzeichnung, Fülle und ziemliche Verläßlichkeit
des gebotenen Materials und der Charakter o r i g i n a l e r Arbeit zeichnen
diesen Atlas aus. Die älteren, nicht mehr entsprechenden Kartenbilder
werden allmählich durch neue ersetzt. Recht fühlbar macht sich der Mangel
an E i n h e i t l i c h k e i t in der Bearbeitung der einzelnen Kartenblätter.
K i e p e r t ' s und S o h r = B e r g h a u s ' Handatlas sind inhaltlich korrekt,
stehen aber in der technischen Ausführung hinter Stieler zurück. Andrees
Handatlas hat seit Langem mit Recht in der deutschen Familienbücherei

Aufnahme gefunden. Ein Muster von Korrektheit und einheitlicher Bearbeitung ist der neue Debes'sche Handatlas. Dem Lernenden
kann Sydow=Wagner's Method. Schulatlas empfohlen werden. Doch
zeigt auch die neueste, 7. Aufl. (1897), daß derselbe einer durchgreifen=
den Revision bedarf.

Periodische Schriften.

A. Petermann's Mitteilungen aus Justus Perthes geogr. Anstalt,
Gotha. Herausgeber A. Supan. Das führende geographische Zentralorgan;
gleich wertvoll durch seine mit Kartenbeilagen belegten Originalartikel wie
durch die Literaturberichte, welche einen nahezu vollständigen Ueberblick
über die neuen Erscheinungen auf geographischem und verwandtem Gebiete
vermitteln.

Die Geographische Zeitschrift, herausgeg. von A. Hettner (Leipzig,
Teubner) erscheint seit 1895 und hat sich bereits bestens in geogr. Fach-
kreisen eingeführt.

Populären Charakter haben die Deutsche Rundschau für Geographie und Statistik (Wien, Hartleben) und der Globus (Braun-
schweig, Vieweg).

Das von H. Wagner unter Mitwirkung mehrerer Fachmänner herausgegebene
Geographische Jahrbuch (Gotha Justus Perthes) bringt erschöpfende,
quellenmäßig belegte Berichte über die Fortschritte erd= und länderkund-
licher Forschung. Eine hochwichtige geogr. Bibliographie.

Von den Zeitschriften der zahlreichen geographischen Vereine
zeichnen sich durch wissenschaftlichen Gehalt besonders aus: Die Zeitschrift der Gesellschaft für Erdkunde in Berlin, die Zeitschrift der
Londoner (The Geographical Journal) und der Edinburgher (The Scotch
Geogr. Magazin) geogr. Gesellschaft.

Spezialwerke,

welche das Studium der Länderkunde wirksam unterstützen, sind unter v. a:

E. Sueß: Antlitz der Erde (Prag und Leipzig. Freitag=Tempsky.) Ein für
die Ansichten über den Aufbau des Erdreliefs grundlegendes Werk.

Die Bibliothek geogr. Handbücher, herausgegeben von Friedrich
Ratzel (Stuttgart, Engelhorn), vor allem Hann's Klimatologie (welche demnächst in zweiter Auflage erscheint), Penck's Morphologie der Erdober-
fläche, Ratzel's Anthropogeographie oder Grundzüge der Anwendung
der Erdkunde auf die Geschichte, Drude's Handbuch der Pflanzengeographie.

A. Griesebach, die Vegetation der Erde nach ihrer klimatischen Anordnung.
2. Aufl. Leipzig, Engelmann 1884.

O. Drude. Die Florenreiche der Erde. Gotha, Justus Perthes, 1884.

A. R. Wallace. Die geogr. Verbreitung der Tiere. Deutsche Ausgabe von
A. B. Meyer, Dresden, Zahn 1876.

H. Berghaus, Physikalischer Atlas. In 7 Abteilungen, enthaltend Dar-
stellungen über Geologie, Hydrographie, Meteorologie, Erdmagnetismus
Pflanzenverbreitung, Tierverbreitung, Völkerkunde. 3. Auflage. Gotha.
J. Perthes 1892.

F. Ratzel, Völkerkunde. 3 Bände 1886. Leipzig, Bibliogr. Institut.

Fr. Müller, Allgemeine Ethnographie. 2 Aufl. Wien, Hölder 1879.

O. Peschel, Völkerkunde. 6. Aufl. Bearbeitet von A. Kirchhoff. Leipzig
Duncker und Humblot 1885.

Th. Waitz, Anthropologie der Naturvölker. Mit Benutzung der Vorarbeiten
des Verfassers fortgesetzt von G. Gerland Leipzig, Fleischer 6 Th,
1859—1877.

M. Geistbeck, Der Weltverkehr. Freiburg im Br. Herder 1887.

W. Götz, Die Verkehrswege im Dienste des Welthandels. Stuttgart. Enke 1888.

C. v. Scherzer, Das wirtschaftliche Leben der Völker. Ein Handbuch über Prod. und Konsum. Leipzig. Dürr 1885.

Wagner-Supan, Bevölkerung der Erde VIII. 1891. Gotha, Justus Perthes. Bringt kritische Zusammenstellungen über Areal und Bevölkerung aller Erdgebiete.

In Bezug auf volkswirtschaftliche Statistik verweisen wir auf den II. Teil (von Supan bearbeitet) des Genealogischen Taschenbuches, Justus Perthes, und auf die ungemein reichhaltigen Otto Hübner's Geogr.-statistische Tabellen aller Länder der Erde; herausgegeben von F v. Jurascheck. Beide Publikationen erscheinen alljährlich.

Asien.

§ 1. Gliederung und Aufbau.

Asien, der weitaus größte Erdteil, dem gegenüber Europa nur die Rolle eines Halbinselgliedes spielt, umfaßt ein Drittel des gesamten Festlandes und nimmt den größeren Teil der Ostfeste ein. Der Kontinent erstreckt sich vom hohen Norden (Kap Tscheljuskin unter 77° 36′ Nordbreite) bis fast zum Aequator (Kap Buru auf Malakka unter 1° 15′ Nordbreite), das ist eine Entfernung von über 8400 km; ja mit Inbegriff der malayischen Inselwelt greift er sogar bis über den 10. Grad Südbreite vor. Um geringes weiter als die meridionale Entfernung des nördlichsten und südlichsten Punktes ist die west-östliche des äußersten West- und Ostpunktes. Das äußerste Westende Asiens ist das kleinasiatische Kap Baba (26° östlich L. v. Gr.), der äußerste Ostpunkt das Ostkap auf der Tschuk-tschenhalbinsel (169° 50′ westl. L.).

Asien wird im Norden von dem seichten nirgends in Küsten-nähe unter 200 m Tiefe absinkenden Sibirischen Eismeer, im Osten vom Pacifischen, im Süden vom Indischen Ozean und im Westen von den Gewässern des Mittelmeerbeckens bespült. Hier bewirkt das Aegäische Meer die bis 1300 m tiefe Erosionsfurche des Marmarameeres und das Schwarze

Meer die Trennung von Europa. Die phyſiſche Grenze letz=
teren Erdteiles gegen Aſien wurde bereits angegeben*) Mit
Afrika ſteht Aſien durch die nur 115 km breite Landenge von
Suez in Verbindung, die ſeit 1870 von einem Schiffahrts=
kanal durchſchnitten wird. Weiterhin trennt der Einbruchs=
graben des Roten Meeres die beiden Erdteile. Keinen Zu=
ſammenhang hat Aſien mit der amerikaniſchen Weſtfeſte; doch
nähert es ſich derſelben in der Beringsſtraße bis auf 92 km.
Im Süden ſchafft die von der hinterindiſchen Halbinſel aus=
gehende Inſelbrücke eine Verbindung mit Auſtralien. Die von
Wallace feſtgelegte Grenze zwiſchen aſiatiſchen und auſtraliſchen
T i e r f o r m e n geht zwiſchen Bali und Lombok nordöſtlich
durch die Mangkaſſar=Straße und Celebesſee und ſüdlich von
Mindanao herum, ſo daß Celebes, die Molukken, ſowie die
kleinen Sundainſeln zu Auſtralien gehören würden. Man iſt
jedoch übereingekommen, die ganze malayiſche Inſelwelt noch
Aſien zuzurechnen, mit Ausnahme von Neuguinea und den Aru=
inſeln, welche durch eine ſeichten Flachſee noch an Auſtralien ge=
kettet erſcheinen. Innerhalb der angegebenen Grenzen umfaßt
Aſien ein Areal von 44 421 000 km², wovon 41 720 000 km²
auf das Feſtland und 2 701 000 km² auf die Inſeln entfallen.

In ſeinem t e k t o n i ſ c h e n Aufbau zeigt Aſien ver=
wandte Züge mit Europa. Hier wie dort treffen wir neben
jungem, hoch aufgerichteten Faltungsland ausgedehnte von
jüngeren Faltungen unberührte Schollenländer. Wir verfolgen
zunächſt das j u n g e F a l t u n g s l a n d. Der Kaukaſus iſt
ein junges Faltengebirge und eine unzweifelhafte Fortſetzung
des Gebirges der Halbinſel Krim und damit auch eine Fort=
ſetzung des kühn geſchwungenen Alpen = Karpaten = Balkan=

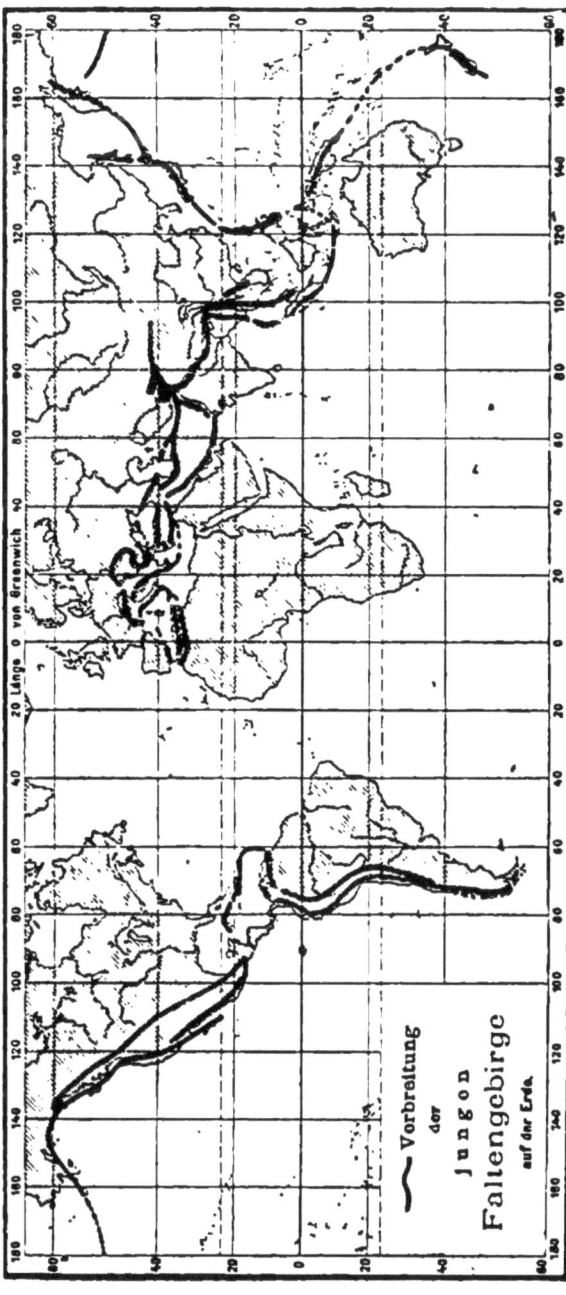

Verbreitung der jungen Faltengebirge auf der Erde.

Systems. Östlich vom Kaspisee deuten südöstlich ziehende, denudierte Höhenrücken den ehemaligen Zusammenhang des Kaukasus mit dem mächtigen Hindukuschsystem an. Ebenso sind die kleinasiatischen Ketten die Fortsetzungen der ost- und westgriechischen Gebirge. Der junge Einbruch des Aegäischen Meeres hat hier die Verbindung zerrissen. Die kleinasiatischen Ketten treffen sich im armenischen Hochlande, wo riesige Verwerfungen zum Emporquellen ungeheurer Massen von Eruptivgesteinen führten, die den ursprünglichen Gebirgsaufbau verhüllen. Aus dem armenischen Hochlande strahlen eine Anzahl von Ketten heraus, welche das iranische Hochland durchziehen und umranden, schließlich aber alle zu dem schon genannten Hindukuschgebirge abschwenken und sich mit diesem vereinigen. An den Hindukusch legen sich nach Norden die Falten des Pamirplateaus und an dieses wieder die des weit nach Osten und Westen ausgreifenden Tiënschansystems. Ob von hier aus über das Altai-, Jablonoi- und Stanowoigebirge eine Fortsetzung des jungen Faltenlandes nach der Tschuktschenhalbinsel anzunehmen ist, erscheint noch zweifelhaft.

In seinen östlichen Teilen trifft der Hindukusch in fast rechtem Winkel auf die Ketten des Himalaja, der mit den Ketten des tibetanischen Hochlandes und dem Kwenlun eine Reihe krystallinischer Antiklinalen (Sättel) bildet, zwischen welchen mit Sedimentgesteinen erfüllte Synklinalen (Mulden) liegen. Am Ostende des Himalaja schwenken die Ketten nach Süden ab, es entwickeln sich die Gebirge der hinterindischen Halbinsel. Die westlichste (arakanische) Kette bricht am Kap Negrais ab, läßt sich aber über die Andamanen und Nikobaren weiter verfolgen und zieht dann über Sumatra, Java, Flores und Timor. Diese Sundainseln sind das großartigste vulkanische Gebiet der Erde. Auf den Bruchspalten sitzen hunderte von mächtigen Vulkanen auf, welche mit ihren riesigen Eruptivprodukten der Landschaft den Typus geben und das junge Faltengebirge verhüllen. Letzteres dürfte seine Fortsetzung auf Neuguinea, Neucaledonien und Neuseeland finden. Andrerseits scheint das junge Faltengebirge über Celebes nach den Philippinen abzuschwenken, während das zwischen dem Faltungsland gelagerte Borneo den Charakter einer alten Masse zu haben scheint. Von den Philippinen setzt sich das reichlich mit Vulkanen durchsetzte Faltengebirge über Formosa, die Liukiu-, die japanischen Inseln und die Kurilen auf Kamtschatka fort; an seiner Innenseite ist das Land kesselförmig eingebrochen. China ist wie Borneo als eine alte Masse anzusprechen.

Außerhalb der Region der jungen Faltengebirge liegen Sibirien, Vorderindien und Arabien. Ersteres hat ganz den Charakter des russischen Flachlandes in Europa, es ist eine seit den ältesten Zeiten der Erdgeschichte unbewegt gebliebene Tafel. Vorderindien und Arabien zeigen ganz afrikanischen Typus. Ersteres ist eine alte Festlandsmasse, welche nur Binnenablagerungen aufweist und bis Mitte Tertiär mit Südafrika in Verbindung stand. Durch die Quartärebene des Indus und Ganges wurde Vorderindien an das asiatische Festland geknüpft. Andrerseits ist Arabien mit seinen ungefalteten Sedimenten nichts anderes als die durch den Einbruch des roten Meeres unterbrochene Fortsetzung der nordafrikanischen Wüstentafel.

Wir sehen daraus, daß die Küstenbildung Asiens vorwiegend tektonischen Prozessen ihre Entstehung verdankt. Nur das den Kontinent bespülende Sibirische Eismeer ist ein Transgressionsmeer, die Küste daher eine von dem zufälligen Stande des Meeresspiegels abhängige. Ein Steigen oder Sinken des Meeres um nur wenige Meter würde die Küſtenlinie bedeutend landein= oder meerwärts verſchieben. Die Nordküſte iſt auch wenig gegliedert. Das einzig ausgeſprochene Halbinſelglied iſt die Samojedenhalbinſel (132 750 km²). Dagegen iſt an der Oſtſeite des Kontinentes durch die Ein= brüche des ochotskiſchen, japaniſchen, oſt= und ſüdchineſiſchen Meeres, von welchen das letztere bis 4298 m Tiefe abſinkt, eine reiche Gliederung geſchaffen worden; es wurden dadurch die Halbinſeln Kamtſchatka (263 530 km²), Korea (152 250 km²) und Hinterindien (2 126 450 km²) mit der keulenförmigen malayiſchen Halbinſel, ſowie die Kurilen (11 911 km²), die Inſel Sachalin (80 000 km²), die japaniſchen Inſeln (370 981 km²), die Liukiuinſeln (4818 km²), die Inſeln For= moſa (34 550 km²) und Hainan (34 100 km²), ſowie die ganze malayiſche Inſelwelt (etwa 2 Mill. km²) gebildet. Die letztere umfaßt die großen und kleinen Sundainſeln, die Molukken, die Suluinſeln und die Philippinen. Zwiſchen den malayiſchen Inſeln breiten ſich viele größere und kleinere Meeres= teile aus, von welchen die Bandaſee bis 7815 m Tiefe ab= ſteigt. Wie ſchon erwähnt, verdanken auch die ſüdlichen und weſt= lichen Glieder, die Halbinſel Vorderindien (2 088 000 km) mit Ceylon (63 976 km²), die Halbinſel Arabien (2 730 000 km²) und die Halbinſel Kleinaſien (506 600 km²) mit Cypern (9311 km²) ihre heutigen Umriſſe großen Einbrüchen der Erdkruſte.

Trotzdem die Halbinſelglieder über 6 Mill. km² umfaſſen, erübrigt noch immer ein mächtiger Rumpf, welcher an den bevorzugten Verhältniſſen der Küſtengeſtade wenig oder gar keinen Anteil hat.

Auch in ſeiner vertikalen Erhebung zeigt Aſien den Charakter des Maſſigen und Wuchtigen. Seine mittlere

Höhe ist die weitaus größte aller Kontinente, nämlich etwa 900 m, das ist um 200 m höher als die mittlere Höhe des gesamten Festlandes. Ein ununterbrochener Gürtel von Hoch= ebenen zieht von den Küsten Kleinasiens bis an die Meeres= gestade des Amurlandes. Diese Hochlandschaften sind zumeist e h e m a l i g e M u l d e n d e s F a l t u n g s l a n d e s, welche später mit den Verwitterungs= und Erosionsprodukten der sich erniedrigenden Gebirgsketten ausgefüllt wurden.

Die Einschnürung, welche der Hochlandsgürtel in der Gegend des Pamirplateaus erfährt (70° östl. L.), ermöglicht ein vorder= und hinterasiatisches Hochland zu unterscheiden. Den Kern des h i n t e r a s i a t i s c h e n H o c h l a n d e s bildet Z e n t r a l a s i e n, ein kontinentales, gebirgsumgürtetes Hoch= landsgebiet, das nirgends an das Meer herantritt.

Der weitaus größte Teil Zentralasiens hat keinen Abfluß zum Meere und zeigt die durch den Charakter der Abflußlosigkeit veranlaßten typischen Erscheinungen: Es herrscht hier die Steppe, welcher der Salzgehalt des Bodens den Charakter der Salzsteppen verleiht. Ueberall macht sich eine n i v e l l i e r e n d e Tendenz geltend, da alle Produkte, welche während der letzten geologischen Perioden aus der chemischen Zersetzung und mechanischen Zer= störung der Gesteine hervorgingen, nicht in das Meer geschleppt wurden, sondern im Lande verblieben und die Vertiefungen jeder Art und Form ausfüllten. Anders stehen die Verhältnisse in den p e r i p h e r i s c h e n G e b i e t e n, welche rings um die abfluß= losen Teile Zentralasiens sich bis zum Meere hin ausbreiten und durch große Ströme nach dem Meere oder zu den seeartigen Ueber= resten desselben auf dem Festlande (Kaspi=Aral=Balkaschsee) ent= wässert werden. Hier bleiben die Verwitterungs= und Erosions= produkte nicht im Lande, sondern werden in das Meer getragen; diese Landschaften erscheinen durch die Thätigkeit der Flüsse tief durchfurcht und zerklüftet. Zwischen die abflußlosen und peri=

pherischen Gebiete schiebt sich an vielen Stellen eine Zone des
Ueberganges ein, wo in den jüngsten erdgeschichtlichen Perioden
Teile der abflußlosen Gebiete in abfließende oder umgekehrt ver=
wandelt worden sind, und welche dementsprechend in ihrem landschaft=
lichen Charakter bald den abflußlosen, bald den peripherischen
ähneln. Als Uebergangslandschaften sind die ausge=
dehnten Lößgebiete anzusehen; sie dürften wahrscheinlich in der
Weise entstanden sein, daß abflußarme Salzsteppen infolge ver=
mehrten Niederschlages in das Bereich des Abflusses nach dem
Meere gezogen wurden und ihr Boden tief durchfurcht und von
seinem Ueberfluß an Salzen befreit worden ist. Lößland=
schaften finden sich im nördlichen China und zwar hier in un=
geheurer Verbreitung, ferner am Oberlauf des gelben Flusses,
östlich vom Kukunor, im Quellgebiet der hinterindischen Ströme,
sowie in denjenigen des Brahmaputra=Ganges und Indus, im
westlichen Teil der Pamire, in den breiten Steppenverflächungen
des Tiënschan, welche sich an verschiedenen Stellen zwischen seine
Parallelketten lagern und einem großen Teil des Gebirges den
Charakter eines Hochlandes mit aufgesetzten Rücken geben. Ebenso
finden sich Lößsteppen vielfach am Nordrande von Zentralasien.
Als Uebergangsgebiet ist auch die aralo=kaspische Niederung zu
betrachten, welche sowohl durch Abflußlosigkeit als durch Salz=
gehalt und Steppencharakter Aehnlichkeit mit Zentralasien hat.
Das abflußlose Gebiet der arolokaspischen Senke greift auch nach
Süden über das ganze iranische Hochland bis zu den Zagros=
ketten. Ein abflußloses Gebiet kleineren Umfanges nimmt das
Innere der kleinasiatischen Halbinsel ein. Ebenso ist von den
beiden isolierten Hochländern, Arabien und Dekan, das erstere
bis auf verhältnismäßig schmale Küstenlandschaften abflußlos;
es wiederholen sich hier, allerdings in kleinerem Maßstabe, die
landschaftlichen Gegensätze zwischen zentralen und peripherischen
Gebieten.

Die Tieflandschaften Asiens, welche entweder Ausfül=
lungen seichter Meeresteile oder in geologisch junger Zeit von

den Fluten verlassener Meeresboden sind, umfassen ein Areal von 18½ Millionen km². Davon gehören 15 Millionen km² dem turanisch-sibirischen Tieflande, dem größten der Erde, an. Die übrigen 3½ Mill. km² verteilen sich auf das chinesische, indische und mesopotamische Tiefland, sowie auf kleinere Fluß- und Küstenebenen.

Die Ränder des zentralasiatischen Hochlandes sind die Geburtsstätte der großen asiatischen Ströme, welche, die peripherischen Gebiete zersägend und zerklüftend, nach allen Weltrichtungen enteilen, und zwar nach Norden: Ob, Jenissei und Lena, nach Osten: Amur und die Zwillingsströme Hoangho und Jangtsekiang, nach Süden: Mekong, Saluen, die Zwillingsströme Brahmaputra-Ganges und Indus, nach Westen die Zwillingsströme Amu und Syr. Vorderasien hat nur ein Stromsystem vom Range der hinterasiatischen, nämlich die Zwillingsströme Euphrat und Tigris. Wie ersichtlich, ist Asien das Land der Doppel- oder Zwillingsströme, d. h. solcher Flüsse, die aus benachbarten Quellgebieten kommen, anfänglich nach entgegengesetzter Richtung strömen, im Mündungsgebiet sich aber vereinen oder doch nähern. Die asiatischen S e e n sind zumeist eingeschrumpfte Reste größerer Wasserflächen. Dagegen dürfte der tiefe Baikalsee tektonischen Ursprunges sein.

§ 2. Klima, Flora, Fauna, Bevölkerung.

Asien erstreckt sich von der nördlich kalten Zone über die gemäßigte bis in die heiße Zone. Schon diese Ausdehnung über drei Zonen läßt die größten klimatischen Gegensätze erwarten. Letztere werden aber noch verschärft durch den breiten Hochlandsgürtel, welcher in Arabien beginnend fast den ganzen Kontinent in nordöstlicher Richtung bis zum Chingangebirge

durchzieht und eine allmähliche Abstufung des Klimas in meri=
dionaler Richtung verhindert.

Die Hochlandschaften sind durch hohe Randgebirge dem
mildernden Einflusse und den regenbringenden Winde des Meeres
entzogen. Die darüber lagernde dünne Luft wird im Winter
ebenso rasch erkältet wie im Sommer erwärmt und bewirkt
ein excessiv kontinentales Klima mit sehr heißen Sommern und
sehr kalten Wintern. Die herrschende Trockenheit giebt dem
größten Teil der Hochflächen den Charakter öder, baumloser
Grassteppen, welche dort, wo Wasser völlig mangelt, in
vegetationslose Wüste übergehen. Trotz der kargen Vegetations=
verhältnisse ist die Fauna nicht gerade eine arme zu nennen.
Wir treffen in den innerasiatischen Steppen bereits die Raub=
tiere des Südens, Tiger, Löwe, Hyäne, Schakal, sowie die
des Nordens, Luchs, Wolf, ferner zahlreiche Nager, wie
Hasen, Igel, Stachelschwein, endlich mehrere Arten von Anti=
lopen. Durch ganz Tibet und auch in der Mongolei ver=
breitet ist der Yak oder Grunzochse. Vor allem wird die
asiatische Steppenfauna charakterisiert durch die großen Herden
verwilderter Pferde (welche hier ihre Heimat haben) und wilder
Esel. In Arabien und Iran ist die Heimat des Kameels,
das, da es seit urvordenklichen Zeiten gezähmt wird, jetzt nicht
mehr wild vorkommt. Während im Westen das einhöckerige
Kameel (Dromedar) gebraucht wird, dient im Osten das
zweihöckerige Kameel (Trampeltier) als Haustier.

Entsprechend dem ungastlichen Charakter des Landes und
der dürftigen Vegetation ist auch die Bevölkerung des asiatischen
Hochlandsgürtels eine sehr schwache. In Zentralasien kommen
auf drei Quadratkilometer nur zwei Menschen, und selbst Vorder=
asien zählt auf einem Quadratkilometer deren nur fünf. Der
größte Teil der Bevölkerung setzt sich aus viehzüchtenden

Nomaden zusammen. Seßhaft ist sie nur dort geworden,
wo genügende Bewässerung vorhanden ist. Dies gilt von
dem die Gebirge des Hanhai=Beckens umrandenden Oasen=
gürtel, wo in üppiger Fruchtbarkeit neben Wein, Baumwolle 2c.
auch unsere Getreidearten gedeihen. Dies gilt auch von den
Küstenlandschaften Kleinasiens, der Südwestecke Arabiens,
d. i. Arabia felix, den persischen Zagrosketten, die bereits
im Altertume Sitze hoher und selbständig erworbener Kultur
waren. Auch das mesopotamische Tiefland war ein solcher
Kultursitz. Infolge des weitverzweigten Kanalisationssystemes
trug der Boden nach Herodots Angabe 200—300 fältige
Frucht. Unter der türkischen Herrschaft sind die Kanäle ver=
trocknet, und jetzt dehnt sich an Stelle wogender Getreidefluren
öde, kaum bewohnbare Wüstenei aus.

Auch das aralokaspische Tiefland hat Anteil an der
Regenarmut Zentralasiens. Daher streiten auch hier Steppe und
Wüste um die Herrschaft. Fruchtbare Gebiete und seßhafte
Bevölkerung finden wir bloß längs der Flußläufe.

Die Kontinentalität des Klimas bleibt in Bezug auf
Temperaturextreme auch im sibirischen Nordasien gewahrt. Auf
einen kurzen, aber warmen Sommer folgt ein äußerst kalter
Winter, der in Ostsibirien mittlere Januartemperaturen von
—40 bis —49° C hervorruft. Es lagert nämlich hier eine Schichte
schwerer kalter Luft, welche infolge der Randgebirge nicht öst=
lich zum wärmeren Meere abfließen kann. Dagegen sind die
Niederschläge reichlicher als auf dem asiatischen Hochlands=
gürtel, und zwar fallen sie vornehmlich im Sommer. Diese
Niederschläge im Vereine mit der sommerlichen Wärme ge=
statten im südlichen Sibirien den Bau unserer Getreidearten
(bis 62°) und haben andrerseits auch die dichten Nadelholz=
waldungen hervorgerufen, welche ganz Sibirien bis ungefähr

zum 70. Grad bedecken. Sie sind das Jagdrevier der Pelz=
tiere, derentwegen die Russen in das Land gelockt wurden, und
zwar hausen hier Bären, Wölfe, verschiedene Füchse, Zobel,
Hermelin, Fischotter, Biber, Eichhörnchen u. a. Am wichtigsten
ist das Rentier, welches gezähmt als Reit=, Zug= und Milch=
tier und im wilden Zustande als Jagdtier vielfach die Existenz
der Bewohner bedingt. Nördlich des 70. Grades beginnt die
Region der öden Tundren, wo auf einem bis über 30 m
tief gefrorenen Boden eine kümmerliche Flora von graugrünen
Moosen und weißlichen Flechten sprießt.

Es ist begreiflich, daß infolge der geschilderten physischen
Verhältnisse die Bevölkerung des sibirischen Asiens ebenfalls
eine sehr dünne ist. Erst auf mehrere (3 bis 4) Quadrat=
kilometer kommt ein Bewohner. Am dichtesten siedelt sie im
Süden, und hier ist sie, da landwirtschaftlicher Betrieb möglich
ist, auch seßhaft. Das mittlere und nördliche Sibirien wird
von Stämmen bewohnt, die noch als Jäger= und Fischer=
völker auf der niedersten Kulturstufe stehen.

Die günstigsten klimatischen Verhältnisse besitzen der
Ost= und Südrand des Kontinentes, welche von den Monsunen
bestrichen werden. Es sind dies Vorder= und Hinterindien,
der malayische Archipel, China mit Mandschurei und Korea,
das russische Amurland und die japanischen Inseln. Der
Winter dieser Landschaften ist trocken, da zu dieser Jahreszeit
ein Kontinentalwind vom erkalteten zentralasiatischen Hochland
zum Meere hin weht. Dagegen strömen im Sommer feuchte
Seewinde nach der erhitzten aufgelockerten Luft des Inneren
und entledigen sich wegen der hohen Gebirgsmauern ihrer
Feuchtigkeit in den Randlandschaften. Diese hohe Wärme und
die reichlichen Regenmengen rufen in den asiatischen Monsun=
ländern eine üppige Fruchtbarkeit hervor. Ueberall wird der

Ackerbau, welcher sich namentlich auf Reiskultur geworfen hat, eifrigst betrieben. Selbstverständlich giebt es zwischen Ost- und Südrand merkliche Wärme-Abstufungen und demgemäß Verschiedenheit der Flora und Fauna. Auf den Südrand sind der Tropenwald mit seinen wertvollen Nutz- und Farb- hölzern wie die mannigfachen Gewürzpflanzen beschränkt. Doch ist auch in China und Japan die jährliche Wärmemenge noch vollauf hinreichend für eine blühende Kultur des Theestrauches und der Baumwollstaude, und eine niedere Fächerpalmenart geht bis Japan.

Ueberaus reich an Arten wie Individuen ist die Tier- welt des südlichen Monsungürtels. Unter den zahlreichen Raubtieren sind vor allen Tiger, Panther und Hyänen anzu- führen. Sie bewohnen die Dschungeln und Gebüschdickichte und machen im Verein mit großen Giftschlangen manche Gegend fast unbewohnbar. Von großen Pflanzenfressern seien genannt: Elefant, verschiedene Rhinoceroarten, wilde Büffel und Hirsche. Der Elefant ist hier das wichtigste Haustier. Unsere besten Schweinerassen, das Perlhuhn, der Pfau, das Haushuhn stammen aus dem östlichen Südasien. Auf den malayischen Inseln treten menschenähnliche Affen (Orang-Utan), Kakadus und Nashornvögeln auf. China ist durch seine Pracht- fasane, Goldfische und Seidenraupen ausgezeichnet. Japan hat verschiedene eigentümliche Tiere, wie den Riesensalamander, doch mit Ausnahme des Schweines keine für den Menschen nützliche.

Die üppige Fruchtbarkeit, der reiche Segen, welcher aus dem Boden quillt, hat in den asiatischen Monsunländern zu einer Häufung der Menschen geführt, wie wir sie nur in den Kulturgebieten Europas finden. $^9/_{10}$ der asiatischen Gesamt- bevölkerung wohnen hier, und zwar entfallen in den Tropen- gebieten 50, in dem östlichen Asien 75 Menschen auf 1 km².

Seit ältesten Zeiten sind hier die Menschen seßhaft, und uralt ist die indische und die chinesische Kultur.

Asien gilt als die Wiege der Menschheit, denn von hier aus konnte sie sich am leichtesten über die ganze Erde verbreiten. Sicher ist, daß Europa seine Bevölkerung, sowie die ersten Keime seiner Zivilisation von dem völkergebärenden Asien erhalten hat. Die Bevölkerung Asiens beträgt gegenwärtig 830 Millionen und verteilt sich auf die kaukasische, mongolische und malayische Rasse. Eine von der Ganges-Brahmaputra-Mündung zum Kaukasus gezogene Linie trennt ungefähr die südlich und westlich davon wohnende kaukasische Rasse von der mongolischen und malayischen. Die letztere siedelt nur auf der Halbinsel Malaka und auf dem hinterindischen Inselarchipel. Zur kaukasischen Rasse gehören die Indoeuropäer in Vorderindien, Iran und Armenien, die Kaukasusvölker und die Semiten (Juden und Araber), zur mongolischen Rasse die Chinesen, Japaner, Koreaner, Mandschu, die südchinesischen Bergvölker, die Hinterindier, die eigentlichen Mongolen und die tatarischen oder türkischen Völker, zu welchen auch die in Kleinasien siedelnden Osmanen zu zählen sind. Mongolischer Abstammung dürften endlich die rohen, nordasiatischen Naturvölker sein.

Asien ist die Heimstätte aller wichtigen Religionssysteme, und zwar der drei monotheistischen (Judentum, Christentum, Islam) wie der drei edelsten polytheistischen Religionen (Lehre des Zarathustra, Brahmaismus und Buddhismus). Bemerkenswerterweise sind alle diese Religionen im Schoße der kaukasischen Rasse entstanden, und zwar das Judentum und Christentum bei den Juden, der Islam bei den Arabern, die Lehre des Zarathustra bei den Iranern, der Brahmaismus und Buddhismus bei den Indern. Der

Islam hat sich durch Feuer und Schwert über ganz Vorderasien, das turanische Tiefland, Ostturkestan, Malaka und den
malayischen Archipel ausgedehnt. Die Lehre des Zarathustra ist
fast erstorben und zählt nur mehr wenige, Parsi genannte Anhänger. In dem vielhundertjährigen Kampf zwischen Brahmaismus und Buddhismus behauptete sich der erstere in Vorderindien, wogegen der Buddhismus rasche und nachhaltige Verbreitung in Japan, China, Tibet und in der Mongolei fand.
Das Christentum wird mit ziemlichem Erfolg im Norden von
den Russen, mit weniger Erfolg im Süden und Osten von
katholischen und protestantischen Missionären zu verbreiten
gesucht.

Mehr als die Hälfte des gesamten asiatischen Kontinents
und mehr als 45 Proz. der Gesamtbevölkerung stehen unter
der Herrschaft der Europäer, welche übrigens in Asien nur
mit einer Gesamtzahl von etwa 6 Millionen vertreten sind,
wovon allein 5 Millionen auf Russisch-Asien kommen! Nach
Entdeckung des Seeweges nach Ostindien durch Vasco de
Gama (1498) nahmen die verschiedenen seefahrenden Nationen
einzelne Küstenstrecken des Indischen Oceans in Besitz. Den
vorherrschenden Einfluß gewannen durch glückliche politische
Verhältnisse die Engländer. Diese begründeten vom Ganges
aus das mächtige anglo-indische Reich und haben allmählich
die Kolonien der übrigen Nationen beschränkt. Der Norden
des Kontinentes, sowie das turanische Tiefland wurde von
den Russen ohne Konkurrenz besetzt.

Zentralasien.

§ 3. Die nördlichen Randgebirge und der Tiënschan.

Zentralasien, welches, von einigen Randgebieten abgesehen, ganz unter chinesischer Herrschaft steht, setzt sich

aus zwei durch die Ketten des Kwenlun von einander ge=
trennten Hochlandschaften zusammen und zwar dem Hochland
von Tibet und dem Hanhai. Ersteres besitzt eine durch=
schnittliche Höhe von 4000 m, während letzteres im Mittel
nur 1000 m hoch ist. Die genannten Hochlandschaften werden
ringsum von Randgebirgen umgürtet und abgeschlossen. Die
nördlichen Randgebirge Zentralasiens sind vorherrschend aus
altkrystallinischen Gesteinen aufgebaut. Es sind dies das
Jablonoi= (Apfel=), Sajanische und das erzreiche, mit dem Bjelucha
(3352 m) kulminierende Altai-Gebirge. Die Trennung zwischen
den beiden ersteren Gebirgen bewirkt die Selenga, welche in
den langgestreckten Baikalsee (34932 km, 477² m Meeres=
höhe, 1373 m tief) fließt und denselben oberhalb Irkutsk als
Angara (obere Tunguska) wieder verläßt. Vom Altai zweigen
in ostsüdöstlicher Richtung mehrere Gebirgsketten ab, welche
die westliche, dünnbewohnte Mongolei erfüllen und teils die
Quellgebiete der Selenga und des Jenissei, teils einzelne
abflußlose Becken abschließen. Am mächtigsten ist der Ektag=
Altai entwickelt, der bis in die Kies= und Sandwüste Gobi
vorgreift. An seinem Nordfuße liegt das befestigte Handels=
städtchen Kobdo. Nach Süden fällt der Ektag-Altai zur
breiten dsungarischen Steppe ab und wird andrerseits
durch die Mulde des schwarzen Irtysch von der Gebirgskette
des Tarbagatei getrennt, die sich als Tschingistau bis in
die Kirgisensteppe fortsetzt und hier weithin als niederer wasser=
scheidender Rücken zwischen dem abflußlosen Gebiet der
aralokaspischen Senke und den Flüssen Irtisch=Ischim=Ob zu
erkennen ist. Durch die zu beiden Seiten des Tarbagatei aus
der dsungarischen Steppe in die aralischen Tiefländer führenden
Ausgangspforten stand einst das zentralasiatische Mittelmeer
des Hanhai mit dem das westsibirisch=turanische Tiefland be=

deckenden Meere in Verbindung. In einer weit späteren Zeit sind oft die Stämme Zentralasiens demselben Weg gefolgt. „Diese Rolle einer Durch= gangsstraße für große überschwellende Massen ist es, was der dsungarischen Steppe ihre besondere Wichtigkeit ver= liehen und sie mehr als einmal ver= hängnisvoll für Europa gemacht hat." Die aus China kommende wichtige Handelsstraße geht am südlichen Ge= birgsrand der dsungarischen Steppe entlang und zwar über die Oasen= orte Barkul, Gutschen, Urumtsi und Schicho, geht aber dann nicht durch die dsungarische Pforte, sondern führt nach der wichtigen, im frucht= baren Jlithal gelegenen Handelsstadt Kuldscha (30 000 Einw.).

Der Tienschan (das „Himmelsge= birge" der Chinesen) scheidet die Dsungarei von dem Tarimbecken und ist ein ausgezeichnetes Kettengebirge, das gegen Westen sich fächerförmig öffnet. Das Gebirge läßt sich von seinem Ostende in der Wüste Gobi unter 96° östlicher Länge über 2600 km bis in die Nähe der Stadt Buchara verfolgen. Es ist vorwie= gend aus archäischen Massen und paläozoisch=mesozoischen Sedimentge=

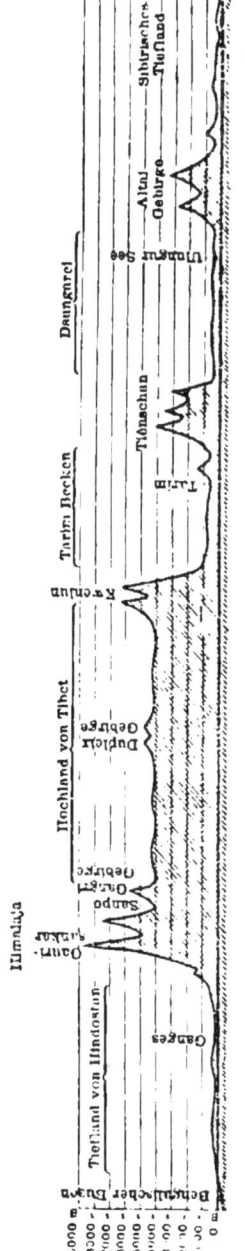

Profil durch Zentralasien längs des 87. Meridians. (50fache Ueberhöhung.)

steinen aufgebaut und dürfte seine Entstehung zwei Fal=
tungen, in der Trias= und Tertiärperiode, verdanken. Das
nur in einigen Gebirgsthälern von kalmükischen Stämmen
bewohnte Gebirge ist dicht mit Nadelholzbeständen bewachsen und
zwar vornehmlich in Höhen von 1500—2800 m. Darunter
beginnt die Vegetation der Steppe allein herrschend zu werden,
während über der Waldregion sich ausgedehnte Bergwiesen
ausbreiten und die alpine Flora bis zur Schneegrenze reicht.
Diese letztere liegt im Westen in Höhen von 3600 bis über
4000 m, im Osten steigt sie vielfach sogar über 5000 m, was
in der zunehmenden Trockenheit seine Erklärung findet. Dies
bewirkt auch, daß an den nördlichen Abhängen des Gebirgs=
systemes die Schneelager tiefer herabreichen als auf der süd=
lichen. An vielen Gehängen sind mächtige Gletscher entwickelt.
Längsthäler sind vorherrschend. Der Ili strömt dem Baikalsee
zu, der Tschu ergießt sich nach seinem Austritt aus dem Ge=
birge in einen Sumpf. Der Tschu ist nicht der Abfluß des in
1650 m Meereshöhe in reizender Lage zwischen mächtigen
Bergketten eingebetteten Issyk=kul (5120 km²), wie man früher
vermutete. In einem Längsthale fließt auch ein Quellfluß
des Syrdarja, der Narpn, der vor seinem Austritte aus dem
Gebirge noch das fruchtbare Becken von Fergana bewässert.
Endlich ist noch in den westlichen Ausläufern des Tiënschan
das Längsthal des Serafschan („Goldstreuer") anzuführen,
der sich bald in der Wüste verliert. Die höchsten Gipfel
des Tiënschan gehören dem mittleren Teile der südlichen
Hauptkette an. Hier erhebt sich der Chantengri (7300 m),
an dessen Ostfuße der Musartpaß (3900 m) vom Tarimbecken
in das Gebiet von Kuldscha führt. Von den westlichen Pässen
ist der wichtigste der Terek=Dawan (3720 m), über welchen
eine alte Handelsstraße vom Tarimbecken nach dem gesegneten
Fergana führt.

§ 4. Pamirplateau, Hindukusch und Himalaja.

Jenseits des Alaiplateaus, auf dem der Surchab, ein Quellfluß des Amudarja entspringt, breitet sich das Pamirplateau, das „Dach der Welt", aus, das man gegen Süden durch die beiden Flußthäler des Pändsch, eines südlichen Quellflusses des Amu, und durch das Thal des Jarkandflusses begrenzen kann. Die Ostbegrenzung bildet die gewaltige Mauer der Kysilartkette. Diese erhebt sich in dem Mustaghata, dem „Vater der Eisberge", zu 7860 m Höhe. Das Pamirplateau ist eine im Mittel über 4000 m ansteigende Hochebene, auf welcher einzelne kleine Rücken aufgesetzt erscheinen. Die Hochebene ist so wenig unduliert, daß man sie zu Pferde bereisen kann; sie liegt über der Grenze des Baumwuchses, hat äußerst spärliche Vegetation und wird während einiger Sommermonate von den Kirgisen wegen einzelner fruchtbarer Weiden aufgesucht. Gegen Westen wird das Plateau zerklüftet und durchfurcht, es entwickelt sich die aus verschiedenen Ketten bestehende Gebirgspamir, welche im Pik Sewerzow bis 7600 m ansteigt. Die klimatischen Verhältnisse werden als äußerst extreme geschildert, was seine Erklärung durch die Lage der Pamire inmitten eines mächtigen Kontinents und durch die bedeutende Meereserhebung findet. Die Linie des ewigen Schnees ist nicht überall von gleicher Höhe, im nördlichen Teile der Pamir ist sie 4000—4300 m, im südlichen 5100—5200 m. Gletscher sind sehr zahlreich; der bekannteste ist der Serafschangletscher mit einer Länge von 25 km. Von den abflußlosen Seen der inneren Hochlandschaft ist der Karakul (3840 m hoch gelegen) der größte. Ueber den größten Teil der Pamire beanspruchen die Russen die Herrschaft.

Jenseits des Pändschthales erhebt sich die Gneiskette des Hindukusch (d. h. „Hindutöter", weil die Hindu die kalte, dünne Luft auf dem Kamm des Gebirges nicht zu ertragen vermögen); diese hat westsüdwestlichen Verlauf und bildet sowohl selbst als auch mit ihren Fortsetzungen die Wasserscheide zwischen den Flußsystemen des Amudarja und Indus. Hohe, beschwer- liche, nur im Sommer gangbare Pässe vermitteln den Ueber- gang; der bequemste ist der Chawakpaß (4025 m), über welchen bereits Alexander der Große (328 v. Chr.) und Timur (1398 n. Chr.) zogen. Der kulminierende Gipfel, der Tiratschmir, steigt bis 7740 m Höhe an. Nach Süden sind dem Hindukusch die wegen des gewaltthätigen Charakters ihrer Bewohner schwer zugänglichen Gebirgslandschaften Kafiristan und Kohistan vorgelagert. Der Hindukusch endigt mit dem Gebirgsstocke des Kuhibaba (5500 m). In seinen östlichen Teilen stößt der Hindukusch in fast rechtem Winkel an die Ketten des Himalaja (d. h. „Stätte des Schnees"), der von hier in südöstlicher und östlicher Richtung bis zum Durchbruchs- thale des Brahmaputra zieht. Er hat eine Längenerstreckung von 2400 km; die Breite schwankt zwischen 200—350 km, das von ihm eingenommene Areal bedeckt etwa 650 000 km². Der Himalaja ist ein junges Kettengebirge, das durch einen von Norden wirkenden Schub aufgefaltet wurde, während an der südlichen Außenseite die große indische Ebene zur mio- und pliocänen Zeit ein Senkungsfeld war, welches an Bruch- linien absank. Gleichzeitig haben die aus dem Gebirge strömenden Flüsse mit den von ihnen mitgeschleppten Zer- störungsprodukten das sinkende Gebiet ausgefüllt, so daß es nicht unter das Meeresniveau geriet. Da wir in dem Ge- birge überall noch jungtertiäre Schichten mitgefaltet finden, so ergiebt sich, daß der Himalaja jünger als die Alpen ist,

bei welchen nur noch die älteren Miocänschichten eine Auf=
faltung erlitten haben.

Der orographische Bau des Gebirges ist verhältnis=
mäßig einfach, indem es in der Hauptsache aus zwei Hoch=
gebirgsketten besteht, die einander parallel streichen. Die
Südkette besteht aus krystallinischen Gesteinen, die Nordkette
aus Sedimentgesteinen, die vom Silur bis zum Eocän reichen.
Bemerkenswert ist, daß der Nordfuß um durchschnittlich 1000 m
höher liegt als der Südfuß, der in die hindostanische Tiefebene
steigt. Die höchsten Gipfel finden sich in dem mittleren Teile,
in Nepal, und zwar durchaus in der Südkette: Der Dha=
walagiri (8176 m), der Kandschindschinga (Kinchinjunga;
8581 m) und der Gaurisankar (8840 m; von den Engländern
Mount=Everest genannt), welcher gegenwärtig als der höchste
Berg der Erde gilt; doch sind hinter ihm Gipfel gesehen
worden, die wahrscheinlich noch höher sind. Außerdem giebt
es Dutzende von über 7000 m aufragende Gipfel, und zwar
namentlich in dem Gebirgsteile zwischen 83—80° östlicher
Länge. Von diesem mittleren Teile nimmt die Höhe der
Berge nach Osten wie nach Westen ab. Infolge zahlreicher
Flußdurchbrüche erscheint die Südkette in einzelne Glieder
aufgelöst. Dagegen ist die Nordkette einheitlich und geschlossen;
sie hat 6000 m mittlere Kammhöhe und bildet die Wasser=
scheide zwischen dem Flußgebiete des Ganges und dem des
Brahmaputra und Indus. Die beiden letzteren Flüsse, sowie
der Satledsch, ein Nebenfluß des Indus, entspringen bereits
auf dem tibetanischen Hochlande und müssen erst lange Thal=
furchen durchlaufen, ehe ihnen der Durchbruch durch die
Himalajaketten gelingt. Die Quellflüsse des Ganges, sowie
eine Anzahl von Nebenflüssen dieses Stromes und des Brah=
maputra haben ihre Quellen am Südabhange der nördlichen
Kette und durchbrechen die südliche.

Auffallend ist die Zersägung und Ausschartung der südlichen Kette, sowie deren verhältnismäßig niedere Kammhöhe von 5000 bis 5500 m gegenüber der wenig modellierten nördlichen Kette. Es hängt diese Erscheinung mit dem klimatischen Gegensatz der Nord- und Südseite des Himalajagebirges und dem Regenreichtum der letzteren gegenüber der Regenarmut der ersteren zusammen. Dadurch wurde die Thätigkeit der Gletscher und der ihnen entströmenden Gewässer so sehr gefördert, daß sie nach Ausfüllung der inneren Thäler den südlichen Kamm durchnagen konnten. Durch die verschiedenen Niederschlagshöhen wird auch erklärbar, daß die Schneegrenze am wärmeren Südabhange tiefer liegt (4900 m) als am Nordabhange (5300 m). Der krystallinischen Südkette des Himalaja sind tertiäre Berg- und Hügelreihen vorgelagert, welche von großer Fruchtbarkeit sind und an die sich gegen das Tiefland hin die Region des Tarai, ein wildes kaum passierbares Dschungelgebiet, anschließt.

Im Himalaja lassen sich drei Vegetationszonen unterscheiden. In der untersten (bis 1300 m) herrscht der Tropenwald. In der mittleren (von 1300—3000 m) kommen die Baum- und Strauchformen der gemäßigten Zone zur alleinigen Geltung. Hier wird auch in großem Maßstabe die Kultur des Theestrauches, der Obstbäume und der Weinrebe betrieben. Zum Getreidebau sind die Höhen von 1200—1800 m am geeignetsten, ganz unmöglich wird er erst in 3000 m. Ueber 3000 m dehnt sich bis zur Schneegrenze die Gras- und Weideregion aus.

Die Bewohner der nördlichen, zum chinesischen Reiche gehörigen Himalaja-Landschaften sind vornehmlich mongolische Tibetaner, in den südlichen Gebieten aber zumeist arische oder uralt turanische Stammesreste, deren Hauptbeschäftigung Ackerbau und Viehzucht ist. Auf dem Südabhang des Himalaja haben sich noch zwei unabhängige Staatswesen, nämlich Nepal mit der Hauptstadt Katmandu (50000 Einw.) und Bhutan mit der Hauptstadt Tassisudon (15000 Einw.) erhalten. Zwischen beide

schiebt sich der britische Schutzstaat Sittim, dessen Hauptort
Dardschiling eine wichtige Gesundheitsstation für die Euro=
päer ist. Britisch ist auch die Himalajalandschaft Kaschmir,
deren einst blühende Shawlindustrie jedoch gänzlich in Verfall
geraten ist. Die große Hauptstadt der Landschaft, Srinagar
(120000 Einw.), liegt in 1603 m Meereshöhe, die zweitgrößte
Stadt, Leh (38000 Einw.) gar in einer solchen von 3439 m.

§ 5. Tibet und der Kwenlun.

Nördlich der oberen Sanpo= (Brahmaputra=) und Indus=
Thalfurche dehnt sich das Hochland von Tibet aus, welches
etwa 2 Millionen Quadratkilometer umfaßt und eine durch=
schnittliche Mittelhöhe von über 4000 m besitzt. Der nörd=
liche Abschnitt des Hochlandes gehört dem Kwenlun=System
an, der südliche wird wieder durch einen von Südsüdwest nach
Ostnordost ziehenden Querzug, das Tanglagebirge,
in einen westlichen und östlichen Abschnitt geschieden. Dort,
wo das Tanglagebirge mit den Südketten des Kwenlun
verwächst, ist ein wichtiges hydrographisches Zentrum des Kon=
tinents, indem sich hier die Quellen des Hoangho, Jangtse=
kiang, Mekong und Saluen einander benachbart finden. Das
Klima Tibets ist durch außerordentliche, durch die Höhenlage
hervorgerufene Winterkälte und durch heiße und trockene Sommer
bedingt. Daher bildet die Westhälfte des südlichen Abschnittes,
welche von der Sanpo=Indus=Mulde durch das, bis 6700 m
ansteigende Gangrigebirge getrennt wird, ein abflußloses
und vegetationsarmes Gebiet, besät mit zahlreichen Salzseen,
unter welchen der Tengrinor der bedeutendste ist. Die karge
und kümmerliche Vegetation genügt aber doch, um riesige
Heerden wilder Esel, Antilopen, Moschusschafe ꝛc. zu erhalten;
nur der Mensch ist spärlich und bloß als Nomade vertreten.

Das östlich vom Tanglagebirge gelegene Gebiet wird bereits
zum Meere entwässert und ist von den Flüssen in ein Gebirgs=
land ummodelliert worden. Da es reichlichere Feuchtigkeit
als das westliche Tibet enthält, ist hier Ackerbau möglich, und
dementsprechend findet sich auch der Mensch häufiger.

Die Tibetaner sind mongolischer Abstammung und be=
kennen sich zum Buddhismus. „Unzählige Scharen von Mönchen
leben da in den steilen Gebirgsthälern, durch Wüsten und
schneebedeckte Berge von der übrigen Welt abgeschlossen, in
Ehelosigkeit und vollständiger Enthaltung von den weltlichen
Geschäften. Das ehelose Leben gilt hier für das würdigste
und angesehenste; sich zu verheiraten und ein weltliches Ge=
schäft zu betreiben, ist mit Degradation gleichbedeutend“. Das
geistliche und weltliche Oberhaupt der Tibetaner erkennt die
chinesische Oberherrschaft an und hat seinen Sitz in Lhasa,
der einzigen größeren Siedlung auf dem Hochlande.

Die schon genannte Gangrikette scheint nach Nordwesten
in das Karakorumgebirge überzugehen, eine breite, aus einzelnen
Parallelketten gebildete Gebirgszone, welche vornehmlich aus
Carbon= und Triasgesteinen aufgebaut wird und ihren Namen
von dem Karakorumpaß (5655 m) erhalten hat. In dem
wegen seiner zahlreichen Gletscher Mustagh, „Eisgebirge,“ ge=
nannten Teile kulminiert der D a p s a n g (oder Godwin Austen,
8619 m), der zweithöchste der gemessenen Berge der Erde.
An seinem Südabhang geht der gewaltige Baltoragletscher zu=
thal, der eine Länge von 58 km besitzen soll.

In dem unter dem Namen Kwenlun zusammengefaßten
Komplex von Gebirgsketten herrscht ausgesprochen nordwest=
südöstliches Streichen. Der westliche Abschnitt des Kwenlun,
das hohe Keriagebirge, wird durch die Längsthäler des oberen
Raskemdarja und Karakasch vom Karakorum geschieden. Der

mittlere Kwenlun, vom 82. bis zum 106. Meridian, umfaßt eine
Reihe von niederen Parallelketten, zwischen welchen Hochthäler
und Hochebenen liegen. Die letzteren waren ursprünglich
zwischen den Ketten eingesenkte tektonische Mulden, die im
Laufe der Zeit durch die Verwitterungsprodukte ausgefüllt
wurden. Von den Hochebenen sind besonders hervorzuheben:
Die Sirtangebene, welche nach Osten in die Mulde des Kukunor (3260 m), eines großen und fischreichen Steppensees,
übergeht; die weite Salzwüste Tsaidam und das vom Hoangho
durchströmte Becken Hsingsuhai („Sternenmeer"). Nach Norden
wird der mittlere Kwenlun durch die Gebirgsmauern des
Nanschan, Altyntagh und die russische Kette abgeschlossen,
welche bis 7000 m ansteigen und an ihrem Nordfuße von
einer Reihe grünender Oasen umsäumt werden. Zum Teil
dürften die genannten Ketten nichts anderes darstellen, als
den Bruchrand des tibetanischen Hochlandes gegen das Tarimbecken.

Die Parallelkettenbildung verschwindet im östlichen Kwenlun. Hier ist er auf eine einzige, Tsinlingschan oder
Funinschan (3350 m) genannte Kette beschränkt, welche
unter 114° östl. L. v. Gr. in der Ebene verschwindet. Wahrscheinlich ist, daß auch das bei Nanking endigende Hwaigebirge
noch ein in die Ebene vorgeschobener Ausläufer des Kwenlun-
systems ist.

Auch das Kwenlunsystem wird in seinen mittleren und
westlichen Teilen nur von einzelnen mongolischen Nomaden-
horden durchstrichen. Bloß ein Teil der um den Kukunor
hausenden Tanguten ist seßhaft und betreibt Ackerbau.

§ 6. Das Hanhai.

Nördlich vom tibetanischen Hochlande breitet sich das Hanhai aus. Hanhai ist ein chinesisches Wort und bedeutet „trockenes Meer". In der That haben wir hier den Boden eines alten asiatischen Mittelmeeres vor uns, welches zur Tertiärzeit Nord= von Südasien schied. Nach der Entleerung dieses Binnenmeeres durch die dsungarische Pforte blieb ein salzgetränkter Steppenboden zurück. Durch die Annäherung des Kwenlun= und Tiënschansystems unter 95° östl. L. zer= fällt das Hanhai in das westliche Tarimbecken und die östliche Gobi (Schamo oder Mongolei). Das Tarimbecken ist von einer öden, kulturfeindlichen Sandsteppe eingenommen, welche der Tarimfluß in trägem Laufe durchmißt, um schließlich in die Salzseen des Lobnor (790 m) zu münden. Nur an den Gebirgsrändern, wo Gewässer herabströmen, findet sich ein Kranz blühender Oasen, in welchen neben unseren Getreide=, Obst= und Gemüsearten auch Seiden= und Baumwollenkultur betrieben wird. Dies ist nur möglich, weil der Winter infolge der windgeschützten Lage des Beckens nicht sonderlich streng ist. Die Januartemperatur in Jarkand beträgt —6° C. Das Tarimbecken wird von türkischen Völkern islamitischer Reli= gion bewohnt. Nur widerwillig fügen sie sich der chinesischen Herrschaft und mehrmals haben sie versucht, dieselbe abzu= schütteln. Sie leben teils als Ackerbauer, teils als Handels= leute in den Oasen und großen Städten Jarkand (120000 Einw.), Kaschgar (80000 Einw.) und Khotan (40000 Einwohner).

In der Schamo tritt an die Stelle der Sand= die Kies= wüste. Das Klima gelangt hier zur strengsten kontinentalen Ausgestaltung. Während im Winter der Thermometer bis auf

—44° C. sinkt, steigt es im Sommer bis auf 45. Der Boden ist infolge einiger Höhenrücken unbulierter als im Tarimbecken. Die Vegetation ist kümmerlich, wird aber durch vereinzelte Regengüsse doch so weit gefördert, daß sie den no ma disie= renden Mongolen mit ihren Herden den Aufenthalt er= möglichen. „Frei und ungebunden schweift der Mongole über die endlosen Steppen; und dieselbe Leichtigkeit der Bewegung, welche der einzelne hat, bietet sich den Reiterscharen, die sich wie Wolken am blauen Himmel bilden und ohne Hindernis fortziehen und sich entweder in Dunst auflösen oder dichter und dichter ballen, in kurzer Zeit das ganze Gebiet erfüllen und in ihrem stürmenden Zug den Nachbargegenden, die sie treffen, Unheil und Verderben bereiten. Selbst der Chinese hat in diesem Gebiet keinen Ort zur Ansiedlung gefunden und die Handelsplätze, von denen aus er die Nomaden moralisch beherrscht, nur an den Oberläufen der nach dem Meere ge= richteten Flüsse zu errichten vermocht." Jetzt sind die Mon= golen friedliche Leute, welche von dem Ertrag der Viehzucht und dem Warentransport leben, welchen sie mit ihren Trag= tieren übernehmen. Die Hauptverkehrsroute der Mongolei ist die Linie Kalgan, Sairussu, Urga und Maimatschin. Der Hauptort Urga (30—40000 Einw.) ist der Sitz des obersten Priesters (Kutuchta) der buddhistischen Mongolen. Durch weites grünendes Weideland ist die schon erwähnte Dsun= garei (vgl. S. 27) ausgezeichnet. Deren Bewohner, die Dunganen, werden für Chinesen gehalten, welche den Is= lam angenommen haben.

Nach Osten findet die Gobi ihre Begrenzung durch das Chingangebirge; es ist dies der Abfall der Hochlandschaft, erscheint daher nur von der Mandschurei aus als mauerförmige Kette, während es in der Gobi sich als wenig ausgeprägte Bodenschwelle bemerkbar macht.

Südasien.

Südasien oder Ostindien umfaßt Länder von verschie=
denem tektonischen Aufbau: während Hinterindien und der ma=
layischen Inselarchipel dem jungen Faltenland angehörte, ist
die vorderindische Halbinsel ein altes Schollenland von afrika=
nischem Typus. Da aber Südasien gewisse verwandte kli=
matische und wirtschaftliche Verhältnisse zeigt, möge dessen
zusammenfassende Schilderung gerechtfertigt sein.

§ 7. Die hinterindische Halbinsel

wird von Meridionalketten durchzogen, welche im östlichen
Tibet ihren Ursprung nehmen und hier eine Reihe dicht ge=
drängter Parallelfalten bilden, zwischen welchen in tief ero=
dierten Schluchten die Oberläufe der Flüsse Jangtsekiang,
Mekong, Saluen und Jrawadi ihren Weg nehmen. Unter
dem 26. Parallel strahlen die Ketten nach Südost und Süd=
west auseinander. Am wichtigsten ist diejenige, welche die
meridionale Richtung beibehält und gleichsam als Rückgrat
die ganze hinderindische und malayische Halbinsel bis zur
Straße von Singapur durchzieht. Diese Kette wird aus ar=
chäisch=paläozoischen Gesteinen aufgebaut und steigt östlich der
Stadt Malmen bis 2186 m Höhe an. Durch einzelne Quer=
furchen, wie den nur 30 m hohen Isthmus von Krah (unter
10½° Südbreite) erscheint sie in einzelne Kettenstücke auf=
gelöst. Oestlich dieser mittleren Hauptkette bis zu dem gleichfalls
aus archäisch=paläozoischen Gesteinen bestehenden annamitischen
Gebirge breiten sich, durch niedrigere Höhenzüge von einander
geschieden, die Flußgebiete des Menam und Mekong aus.
Letzterer, der weitaus bedeutendere Strom mündet mit einem
ausgedehnten, stetig in das Meer hinauswachsenden Delta.
Die annamitische Kette, welche bis 2760 m ansteigt, zieht

unfern des Meeres und tritt erst in ihren nördlichen Ab=
schnitten landeinwärts zurück, so daß im Gebiete von Tongking
Raum für die Entwicklung des Songka=Flußsystems ge=
schaffen wird.

Die westlich von der zentralen Hauptkette sich erhebenden
Gebirge sind fast ausschließlich aus Tertiärablagerungen auf=
gebaut; zwischen ihnen nehmen die Ströme Saluen und Irawadi
ihren Lauf, von welchen der letztere mit einem sumpfigen,
fieberhauchenden Delta mündet. Die Küstenkette von Arakan
bricht am Kap Negrais ab, findet aber ihre Fortsetzung auf
den niedrigen, von Korallenbauten umgürteten Gebirgsinseln
der Andamanen und Nikobaren.

Das Klima der hinterindischen Halbinsel ist ein feucht=
heißes, von den Monsunen beherrschtes. Höchst ungesund, ja
geradezu mörderisch ist das Klima in den Sumpflandschaften,
namentlich in Niedercochinchina. In den Thallandschaften
und Mündungsgebieten wird Getreide, namentlich Reis gebaut,
der in ungeheuren Mengen geerntet wird. Außerdem steht
die Zucker=, Tabak= und Baumwollenkultur in hoher Blüte.
Die Tropenwälder liefern wertvolle Farb= und Nutzhölzer.
Die Bevölkerung ist mongolischer Abstammung, doch vielfach
mit malayischem und indischem Blut vermischt. Ihre Kultur
steht auf einer niederen Stufe und selbst dieser niedere Kultur=
grad ist erst durch die Einwirkung der benachbarten Indern
und Chinesen entstanden. Die Chinesen haben sich übrigens
in kompakter Menge seit Jahrzehnten in den östlichen Land=
schaften der Halbinsel niedergelassen und fast den ganzen land=
wirtschaftlichen Betrieb an sich gerissen. Der größte Teil der
Halbinsel Malaka wird von den Malayen, einem geistig
hochbegabten und seetüchtigen Volke eingenommen, das sich
zum Islam bekennt.

Selbständig ist in Hinterindien nur mehr das König-reich Siam, das ringsum von der englischen und französischen Interessensphäre umklammert wird. Es hat seine Pforten dem abendländischen Einfluß geöffnet und zeigt ziemlich geordnete Verhältnisse. Die Hauptstadt Bangkok (200000 Einw.), unfern der Mündung des Menam, ist ein wichtiger Handels- und Hafenplatz.

Birma, noch zu Anfang unseres Jahrhunderts ein mächtiges Reich, ist jetzt ganz englisch. Die wichtigste Stadt ist Rangun (180000 Einw.), ein wichtiger Hafenort und das größte Depot von Teakholz. Im Innern, Oberbirma, liegt die ehemalige Hauptstadt Mandale (180000 Einw.), jetzt nur mehr ein Schatten ihrer früheren Bedeutung. Britisch sind auch die Andamanen und Nikobaren, von welchen die ersteren als Strafkolonie benutzt werden. Endlich haben die Briten den größten Teil der Halbinsel Malaka besetzt: es sind dies die sogen. Straits = Settlements, d. h. Siedlungen an den Meeresstraßen. Hier hat sich das überwiegend von Chinesen bewohnte Singapur (200000 Einw.) als Knoten-punkt des Verkehres von Vorderindien nach Ostasien und dem malayischen Archipel rasch zu hoher Bedeutung emporgeschwungen.

Den Ostteil der hinterindischen Halbinsel haben die Fran-zosen besetzt, und zwar sind unmittelbarer Besitz die Landschaften am Unterlauf des Mekong Kambodscha und Niedercochinchina, ferner Tonking, das Mündungsland des Songka, während das Königreich Annam zwar noch einen einheimischen Herrscher hat, aber unter französischer Schutzherrschaft steht. Sämtliche Ge-biete werden als französisch = Indochina zusammengefaßt. Am wertvollsten ist das dicht bevölkerte und fruchtbare Tonking, dessen Hauptstadt Hanoï (150000 Einw.) am Songka liegt. Annam ist schwach bevölkert, und dessen Hauptstadt Hué

(30000 Einw.) hat geringe Bedeutung. Dagegen ist Saigon (65000 Einw.) der Hauptort von Cochinchina, ein bedeutender Handelsplatz und Seehafen zwischen Singapur und Hongkong.

§ 8. Der ostindische Archipel.

Die am Kap Negrais abgebrochene und über die Anda= manen und Nikobaren zu verfolgende Küstenkette findet ihre weitere Fortsetzung auf Sumatra. Hier zieht das Gebirge der Westküste entlang, wogegen sich im Osten ein breites Tief= land anschmiegt.

Das 600—1800 m hohe Gebirgsland wird weit über= ragt von einer großen Zahl mächtiger Vulkane, welche den Gebirgsbau zu einem ungemein verwickelten gestalten. Der höchste dieser Vulkane ist der Korintschi (3736 m). Fast völlig unter jungen Eruptivmassen verhüllt ist der ursprüngliche Auf= bau des javanischen Faltungsgebirges. In keinem andern Gebiete der Erde ist auf so kleinem Raum eine so große Zahl riesiger Vulkane vereinigt, von welchen der Semeru (3666 m) der höchste ist. Denselben Charakter wie Java behalten die kleinen Sundainseln; auch hier sind dem gefalteten Tertiär= land zahlreiche Vulkane aufgesetzt. Auf den Molukken ist die vulkanische Thätigkeit auf den äußersten Westrand beschränkt, dagegen ist sie auf den Philippinen wieder zur größten Ent= faltung gelangt. Hier erscheint ein altes archäisches Grund= gebirge zwischen zwei Vulkanreihen vollkommen zersplittert und zertrümmert worden zu sein. Am höchsten strebt der Vulkan Apo (2686 m) empor. Auf Celebes werden die einzelnen bis 3170 m aufsteigenden Gebirgsketten fast ausschließlich aus Granit und alten Schiefern aufgebaut. Borneo wird von einem krystallinischen Bergland von durchschnittlich 2000 m

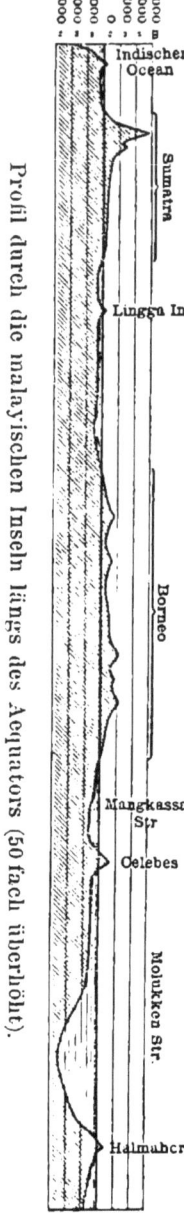

Profil durch die malayischen Inseln längs des Aequators (50 fach überhöht).

Höhe eingenommen, steigt aber im äußersten Nordosten mit dem Kinibalu bis 4175 m an.

Infolge der Lage des Archipels zu beiden Seiten des Aequators ist das Klima ein gleichmäßig feucht-heißes. Die Mitteltempera- turen des wärmsten und des kältesten Monats schwanken um 26° C herum und differieren nur um etwa 1° C von einander. Die jähr- lichen Regenmengen steigen an einzelnen Lo- kalitäten über 400 cm. Die Wärme, Feuch- tigkeit und der an sich fruchtbare, zumeist vulkanische Boden geben der Vegetation die höchste Kraft und Ueppigkeit der Entfaltung. Bis zu den Spitzen hinauf sind die Berge mit undurchdringlichem Tropenwald bedeckt. Die mannigfachen Gewürzarten haben schon im Mittelalter die Araber, in der Neuzeit die verschiedenen seefahrenden Nationen Eu- ropas angelockt. Doch haben die Gewürze jetzt gegenüber der Kultur von Zuckerrohr, Kaffee, Baumwolle und Tabak ihr volks- wirtschaftliches Uebergewicht eingebüßt. Der ostindische Archipel wird von den Malayen bewohnt, welche auf den einzelnen Inseln große kulturelle Abstufungen zeigen und sich zumeist zum Islam bekennen. Am höchsten stehen die Javanen; sie sind fleißige Acker- bauer, geschickte Handwerker und kühne Schif- fer. Dagegen sind die Dayaken im Innern Borneos und die Negritos in den Urwäl- dern der Philippinen noch rohe Jagd- und

Fifchervölker. Der weitaus größte Teil der oftindischen Infeln ift holländifcher Befitz, und zwar wurde der Grund hiezu bereits zu Anfang des 17. Jahrhunderts gelegt und allmählich der Kolonial= befitz teils durch Verträge, teils durch das Schwert zu feinem heutigen Umfang erweitert. Durch Jahrhunderte haben die Hol= länder reichen Gewinn daraus gezogen, der erft in neuefter Zeit vornehmlich infolge des Sinkens der Kaffee= und Zuckerpreife verfiegt ift. Den Holländern gehören die vier großen Sundainfeln: Sumatra mit den oftwärts davon ge= legenen zinnreichen Infeln Banka und Billiton, Java, Celebes und Borneo, von welchem die nördlichen Küften= landfchaften fich in den Händen der Briten befinden. Ferner die kleinen Sundainfeln: Bali, Lombok, Sumbawa, Sumba, Flores und die Wefthälfte von Timor; die Ofthälfte wird von den Portugiefen beanfprucht. Endlich find hollän= difcher Befitz auch die gewürzreichen Molukken. Auf Java, dem Kern von Niederländifch=Oftindien, liegen die wichtigen Städte Batavia (100000 Einw.) und Surabaya (133000 Einw.). Erfteres ift die Refidenz des Gouverneurs von Holländifch= Indien und als erftes Handelsemporium des niederländifch= afiatifchen Handels von Wichtigkeit, aber doch durch das Auf= blühen von Singapur fehr gefchädigt worden.

Unter fpanifcher Herrfchaft ftehen die Philippinen; deren malayifche Bewohner find teils Katholiken, teils Moham= medaner, teils Heiden. Als Hauptprodukt erfcheint der Reis; außerdem gewinnt man Zucker, Kaffee, Tabak (von vorzüg= licher Güte) Baumwolle, Gewürze. Die Hauptftadt Manila (150000 Einw.), auf der Infel Luzon, ift der Ausfuhrhafen für die Landesprodukte.

§ 9. Vorderindien.

Die vorderindische Halbinsel, welche durch die indische Tiefebene an das kontinentale Asien geknüpft wurde, ist eine aus archäisch-paläozoischen Gesteinen aufgebaute alte Scholle, welche seit der Carbonzeit keine Faltungen mehr erlitt, wohl aber in der Liaszeit von Brüchen durchsetzt und von ihrem Zusammenhang mit Afrika gelöst wurde. In die Kreidezeit fällt der Erguß der basaltischen Eruptivgesteine (Dekantrapp), welche den ganzen Nordwestteil der Halbinsel bedecken. Vorderindien, durch Randgebirge von Zentral- und Vorderasien abgeschlossen und daher nur bequem vom Meere aus zu erreichen, ist ein reichgesegnetes Land, in welchem unter dem Einflusse des feuchtheißen Klimas der kultivierte wie der unkultivierte Boden reiche und mannigfaltige Schätze bietet. Die weitaus vorherrschende Getreidefrucht ist der Reis, der überall gebaut wird, wo Bewässerung vorhanden ist. Immer bedeutender erscheint auch Indien in den letzten 10 Jahren auf dem europäischen Markte mit seiner Weizenausfuhr, mit welcher jetzt schon als einem gewichtigen Faktor im internationalen Getreidehandel zu rechnen ist. Ferner sind von landwirtschaftlichen Produkten zu nennen: Baumwolle, Jute, Kaffee, Thee, Tabak, Opium. Die Tropenwälder liefern wertvolle Nutzhölzer, Farbstoffe und Chinarinde. Wegen seiner Diamanten war Dekan seit Alters berühmt. An verschiedenen Orten werden Gold, Eisen und andere Erze gewonnen.

Der physischen Begünstigung entsprechend ist die Bevölkerung eine sehr dichte (durchschnittlich 75 Menschen auf 1 km²). Indien ist nächst China das volkreichste Land und von beinahe ⅕ der gesamten Menschheit bewohnt.

Die Hauptmasse der Bevölkerung bilden die arischen Inder oder Hindu. Sie wanderten um das Jahr 2000 v. Chr.

ein, eroberten erst das Pandschab=Tiefland und drangen dann
weiter nach Hindostan und Dekan vor. Derjenige Teil der
Bevölkerung, welcher sich nicht gutwillig unterwerfen wollte,
wurde aller Rechte und Freiheiten beraubt und zu Parias
herabgedrückt. Die Anfänge ihrer Bildung, ihrer religiösen
Vorstellungen haben die Inder aus ihrer Urheimat, dem tura=
nischen Tieflande, mitgebracht, aber die Entwicklung dieser Keime
mußte sich nun den neuen Verhältnissen anpassen. Ihr ursprüng=
lich einfacher Naturdienst gestaltete sich zu dem Systeme des
Brahmaismus um. Eng verwoben mit dieser Religion
ist das Kastenwesen, welches sich für die Angehörigen der
untersten Kasten, denen kein Uebergang in eine höhere gestattet
ist, überaus drückend gestaltet. Gegen das Kastenwesen und
gegen die brahmanische Glaubenslehre trat im 6. Jahrhundert
der Königssohn Gautama, später Buddha, d. h. der Erretter
oder Erleuchtete, genannt, auf. Dadurch, daß sein Religions=
system, der Buddhismus, sich an das arme, verachtete,
gedrückte Volk wendete, hat er wahrhaft befreiend gewirkt;
durch seine Ansicht von der Gleichheit aller Menschen, durch
seine Gebote der Nächstenliebe gemahnt er an das Christen=
tum. In dem wütenden Kampfe, den der Brahmaismus gegen
den Buddhismus führte (vergl. S. 25), mußte letzterer aus
Indien weichen, dafür hat der Islam viele Anhänger gefunden;
deren Zahl dürfte gegenwärtig 50 Mill. betragen. Ganz fremd=
artig stehen den Hindus die Drawida gegenüber, welche den
östlichen und südöstlichen Teil von Dekan und Ceylon be=
wohnen. Sie dürften die Nachkommen der früheren Urbe=
völkerung bilden und sind zum Teil Brahmanen, zum Teil
Mohammedaner. Ihre Zahl dürfte etwa 40 Millionen be=
tragen. Die industrielle Bethätigung der Inder ist seit Jahr=
tausenden eine ebenso rege wie mannigfaltige. In unserem

Jahrhundert hat sie durch europäische Konkurrenz einen harten
Stoß erlitten. Seitdem sie jedoch vom einfachen Gewerbe zur
Maschinenarbeit überging, vermag sie erfolgreich mit den euro-
päischen Waren zu konkurrieren.

Seit Beginn des 18. Jahrhunderts haben die Engländer
in zähem Kampfe gegen die Eingebornen, wie gegen die Portugiesen, Niederländer und Franzosen, ganz Vorderindien
zu erwerben gewußt; es bildet jetzt das indische Kaiserreich.
Einige Landschaften stehen noch unter einheimischen Fürsten,
welche aber kaum den Schatten einer Macht haben. Die
große Bedeutung Vorderindiens für England liegt darin, daß
dieses die vielen indischen Rohstoffe von dort sehr billig be-
zieht, daß es ferner eine Hauptabsatzquelle für seine Fabrikate
und endlich einen wichtigen Stützpunkt für den Handel nach
China, Japan und Iran bildet. Bemerkenswert ist, daß in
Vorderindien nur $\frac{1}{4}$ Million Europäer leben, wovon 200 000
englischer Nationalität sind.

Die indische Tiefebene zerfällt in einen westlichen, vom
Indus und in einen östlichen, vom Ganges-Brahmaputra durchströmten Teil; ersterer ist, da er nur zum Teil von feuchten
sommerlichen Monsunen erreicht wird, zumeist ein Steppen-
oder Wüstenstrich, der nur an den Flußläufen fruchtbar ist,
im Südosten aber, in der sog. indischen Wüste oder der
Tharr, vollkommenen Wüstencharakter trägt. Der Indus durch-
strömt nach seinem Austritt aus dem Gebirge das Tiefland
und nimmt rechts den Kabul auf, dessen Thal die einzig bequeme Verbindung mit Afghanistan ermöglicht, links den Satledsch, die vereinigte Wasserader von fünf Strömen, welche
das fruchtbare Pandschab (d. i. Fünfstromland) bewässern.
Hier erhebt sich das als Verkehrsknotenpunkt wichtige Lahore
(177 000 Einw.), von wo Eisenbahnlinien nach dem Ganges-

tiefland, längs des Indus durch die öde Landschaft Sind zum
arabischen Meerbusen und nach Peschawar, dem Schlüssel
der Kabulpforte, ausstrahlen.

Im Gegensatz zur westindischen ist die ostindische Ebene,
Hindostan genannt, infolge des reichlichen Regenfalles von
üppiger Fruchtbarkeit. Hier nimmt der Ganges eine Reihe
von Nebenflüssen auf (rechts: Dschamna und Schon, links:
Ganga und Gagra) und vereinigt sich bei Goalanda mit dem
Brahmaputra, der in Tibet als Sanpo entspringt und die
Himalajaketten durchbricht. Die vereinigten Ströme bilden
ein ausgedehntes, wegen seines mörderischen Klimas verrufenes
Deltaland. Durch überreichen Regenfall ist das östlichste
indische Tiefland, die Landschaft Assam, ausgezeichnet. Hier
liegt Tscherrapundschi mit 13 m jährlicher Regenhöhe,
der größten Regenmenge der Erde. Uebrigens ist diese unge=
heure Regenmenge rein örtlich und durch die Lage dieses
Ortes auf der Südseite der Khasiaberge in 1250 m Höhe
über dem Meere bedingt.

Hindostan ist überaus dicht bevölkert und seit Alters der
Sitz indischer Kultur. Am Ganges, dem heiligen Strom,
dessen Fluten die Badenden von allen Sünden reinwaschen,
und der die natürliche Verkehrsader des Landes bildet, liegen
eine Reihe mächtiger und altehrwürdiger Hindustädte. Die
bemerkenswertesten sind: Delhi (193000 Einw.) einst Sitz
des Großmoguls, Laknau (273000 Einw.), Hauptsitz der
mohammedanischen Inder, Allahabad (175000 Einw.), be=
rühmter indischer Wallfahrtsort und Hauptwaffenplatz der Briten,
Benares (220000 Einw.), das „indische Rom," seit jeher
der Sitz brahmanischer Gelehrsamkeit, mit prächtigen altindischen
und arabischen Baudenkmälern; ferner die durch ihre Textil=
industrie blühenden Fabrikstädte Patna (165000 Einw.) und

Murſchidabad (150000 Einw.). Der Sitz der indiſchen Regierung, Kalkutta (810000 Einw.), liegt in überaus ungeſunder Lage am linken Ufer des weſtlichen Hauptarmes des Ganges, Hugli, etwa 160 km vom Meere entfernt. Noch zu Anfang des vorigen Jahrhunderts ein elendes Dorf, hat ſich Kalkutta durch ſeine Großinduſtrie und als Einfuhrhafen blühend entwickelt.

Die eigentliche Halbinſel Vorderindien zerfällt in Zentral indien und in das Plateau von Dekan. Zwiſchen beiden bildet der ſüdöſtlich ſtrömende Godawari die Grenze Zentralindien wird von ſteinigen, öden Plateaus eingenommen über welchen ſich niedere Berggruppen, wie das 1000 m hohe Arawalligebirge, erheben. Der Hauptfluß iſt die nach Weſten fließende Narbada. Das Hochland von Dekan iſt durchſchnittlich 500—700 m hoch und ſenkt ſich, wie der Lauf der Flüſſe bezeugt, allmählich gegen Oſten. Von allen Seiten wird das Hochland von Randgebirgen umgürtet. Im Weſten ziehen die Weſtghats hart der Malabar-Küſte entlang und ſind im Mittel 1200 m hoch, doch erheben ſich mehrere Gipfel zu bedeutenderen Höhen. Nur beſchwerliche Päſſe (Ghats oder Gaſſen) führen ins Innere. Im Oſten bilden die Oſtghats die Grenze. Dieſe ſind weit niedriger und zugänglicher als die Weſtghats und ziehen im Durchſchnitt 150 km von der Koromandel-Küſte entfernt, einer Ebene Raum gebend, welche mit zahlreichen ſeichten Waſſerflächen beſetzt iſt. Das innere Hochland hat ſteppenartigen Charakter da es im Verhältnis zu der hohen Wärme zu wenig Nieder ſchläge erhält. Die feuchten Weſt- und Südweſtwinde werden nämlich gezwungen, den größten Teil ihrer Feuchtigkeit an den Weſtghats abzuladen. Oſt- und Weſtghats vereinigen ſich in den Nilgiri (Blauen Bergen 2546 m). Südlich davon zieht quer durch die Halbinsel das sog. Gap, eine auch von der Eisenbahn Kalikut-Madras benutzte Senke. Jenseits derselben erhebt sich die bis 2690 m Höhe ansteigende Anamaligruppe.

Zentralindien wird von einer Menge selbständiger Staaten eingenommen, die dem Namen nach von einheimischen Fürsten regiert werden. In der That aber liegt alle Macht in den Händen der britischen Agenten oder Residenten, welche den Fürsten zur Seite gestellt sind. In den sog. Radschputanastaaten, welche das nordwestliche Zentralindien bis zur Wüste Tharr einnehmen, ist der Hauptort Dschaipur (168000 Einw.).

An der hafenreichen Westküste der Halbinsel Vorderindien liegt Bombay (822000 Einw.), eine hochwichtige Industrie- und Handelsstadt, die ihren ungeheuren Aufschwung dem vortrefflichen Hafen und der durch die Eröffnung des Suezkanals hierher gelenkten Handelsroute verdankt. An der seichten, für Schiffe schwer zugänglichen Ostküste ist Madras (452000 Einw.) zu einem wichtigen Verkehrszentrum emporgewachsen. Im Innern ist Haiderabad (400000 Einw.) die größte und wichtigste Stadt. Sie ist die Hauptstadt des gleichnamigen Fürstentums (Staat des Nizam), des größten britischen Vasallenstaates in Vorderindien. Die Portugiesen besitzen in Vorderindien als letzte kärgliche Reste ihres einst mächtigen indischen Kolonialreiches nur mehr die kleinen und unbedeutenden Gebiete von Diu, Daman und Goa. Von den weiten Besitzungen, welche die Franzosen im 17. Jahrhundert in Vorderindien erworben hatten, sind ihnen nur mehr die fünf Stationen Mahé, Karikal, Pondit scherry, Janaon und Tschandarnagor verblieben.

Die Insel Ceylon ist ein von Vorderindien losge-

Heiderich, Geographie der außereuropäischen Erdteile. 4

ſprengtes Stück. Die Adamsbrücke, eine mit Felsſplittern
beſetzte Sandbank, deutet den ehemaligen Zuſammenhang an.
Ceylon wird von einem altkryſtalliniſchen Berglande erfüllt,
das mit dem Pedrotallagalla (2540 m) kulminiert. Die von
den fleißigen Singhaleſen bebaute Inſel liefert vornehmlich
Reis, Kaffee, Thee und verſchiedene Gewürze. Colombo
(112000 Einw.) iſt die wichtigſte und größte Stadt, Station
der vom Suezkanal nach Oſtaſien und Auſtralien führenden
Dampferlinien. Ebenfalls von den Briten beſetzt ſind die
ſüdweſtlich von Vorderindien gelegenen Lakkadiven, Male=
diven und der Tſchagos=Archipel, ſämtlich niedere
Korallenbauten.

Oſtaſien.

Oſtaſien umfaßt die öſtlichen Peripherie=Landſchaften
Zentralaſiens, nämlich China, die Mandſchurei, Korea, das
Amurland und die japaniſchen Inſeln.

§ 10. China.

Die öſtlichſten Ausläufer des Kwenlun=Syſtemes, Tſin=
ling= oder Nanſchan und Hwaigebirge, bilden nicht nur die
Waſſerſcheide zwiſchen den Strömen Hoangho und Jangtſekiang,
ſondern ſcheiden auch die tektoniſch und landſchaftlich ver=
ſchiedenen Gebiete von Nord= und Südchina. Letzteres
iſt ein ausgeſprochenes Gebirgsland, von altkryſtalliniſchen
ſüdweſt=nordöſtlich ſtreichenden Gebirgsketten erfüllt. Dagegen
iſt in Nordchina der urſprünglich Südchina gleiche Aufbau durch
eine Reihe verſchiedenalteriger Senkungen geſtört worden.
Den Uebergang Nordchinas zum zentralaſiatiſchen Hochlande
bildet ein aus Parallelketten beſtehendes und bis 3400 m
anſteigendes Gebirgsland, welches in engen Querſchluchten

von den Handelsstraßen überschritten wird; über die Kämme
der Ketten setzt die gegen die Einfälle der mongolischen
Steppenvölker erbaute chinesische Mauer hinweg. Eine
besondere Bedeutung verschafft diesem Gebirgsland der Reich=
tum an Kohle und Eisenerzen. Als Uebergangsgebiet zwischen
Zentralasien und den peripherischen Landschaften charakterisiert
sich das Gebirge durch seine ungeheure Lößbedeckung,
welche in Bezug auf Massenhaftigkeit des Auftretens kein
Seitenstück auf der Erde hat. Der Löß verhüllt das Gebirgs=
gerüst vollständig und steigt bis in Höhen von über 2500 m
an. Anscheinend wirkt er nivellierend, indem er zwischen den
Gebirgshängen sanfte Muldenthäler schafft. Diese aber sind
durch Erosion des Wassers zu einem schier unentwirrbaren
System von Schluchten, Engen und Hohlwegen durchfurcht
und zerrissen, so daß dem Verkehre fast unüberwindliche Hinder=
nisse bereitet werden.

Der Hoangho durchbricht diese Ketten; bei Kaiföng trifft
er auf die West=Ausläufer des paläozoisch=krystallinischen bis
900 m ansteigenden Gebirgslandes von Schantung, das
seinen direkt östlich gerichteten Lauf hindert und ihm freistellt,
nach Nordost oder Südost abzulenken. Zum großen Schaden
für China wechselt er beide Richtungen und ruft dadurch ver=
heerende Ueberschwemmungen hervor. Bis in die fünfziger
Jahre unseres Jahrhunderts hatte er die südöstliche Richtung
innegehalten, seitdem sich aber der nordöstlichen, zum Golf
von Petschili führenden, zugewendet. Das ganze chinesische
Tiefland (450000 km²) ist als sein Werk anzusehen, denn
sie dürfte nichts anderes sein, als ein großer, vom Strome
aufgebauter Schuttkegel, der sich unmerklich gegen das Meer
senkt und zu oberst mit seinen Sedimenten bedeckt ist. Durch
das, infolge seiner reichen Bewässerung üppig fruchtbare Tief=

land führt vom Golf von Petſchili bis zum unteren Jangtſekiang
der **Kaiſerkanal**.

In **Südchina** ſind die ſüdweſt=nordöſtlichen Faltenzüge dicht
gedrängt und erniedrigen ſich in öſtlicher Richtung. „Häufig
ſind ſie durch kleinere Bergketten verbunden, und dadurch ent=
ſtehen zahlreiche abgeſchloſſene Thalbecken, die hie und da ſich
auch zu größeren Ebenen ausdehnen. Ebenſo fehlt es an
Plateaus nicht, aber da keine dieſer Formen vorherrſcht und
der Charakter der Landſchaft ſtetig wechſelt, ſo haben wir uns
ein Gebiet wie das der deutſchen Mittelgebirge und der ſüd=
deutſchen Terraſſen und Hochebenen vorzuſtellen, ein Gebiet,
welches erſt im Weſten die deutſchen Bergländer an Höhe
übertrifft, immer aber noch bis auf die höchſten Erhebungen
den Anbau lohnt und auch meiſt angebaut iſt.“ Der Jang=
tſekiang durchmißt in ungeſtörtem Laufe das ſüdchineſiſche
Gebirgsland und iſt deſſen Hauptverkehrsader; ſeine Mündung
iſt trichterförmig. Eine wichtige Verkehrsader iſt auch das
Thal des **Sikiang**, welches in die an Kohlen und Erzen
reiche Provinz Jünnan führt.

Die **klimatiſchen Verhältniſſe** ſind extreme. Im Winter
weht ein kalter, trockener Nordweſtwind vom zentralaſiatiſchen
Hochland über China zum Meere, im Sommer ein feucht=
heißer, reichliche Niederſchläge bringender Südoſtwind vom
Meer zu dem Hochlande. Das Gelbe Meer, deſſen nörd=
lichſten Teil in der Breite von Neapel liegt, bedeckt ſich während
des Winters mit Eis. Peking hat eine Sommertemparatur,
welche der Neapels gleichkommt, dagegen eine Winterkälte wie
im ſüdlichen Schweden. Der winterliche Nordweſtwind bringt
im nördlichen China fortwährend Maſſen feinen Staubes mit
ſich, die ſich allmählich ſetzen. Alles iſt von dem Staub gelb
gefärbt, Felder und Wege, Bäume, Gebäude und Menſchen.

Er veranlaßte die ungeheure Ausbildung der Lößformation im nördlichen China.

Die sommerliche Hitze im Verein mit den reichlichen Niederschlagsmengen, der fruchtbare Boden, der Fleiß und das Geschick der Bevölkerung haben in China den Ackerbau zu einer sonst nirgends erreichten Blüte und Vollendung gehoben. Die wichtigsten Bodenprodukte sind im Süden Reis, im Norden Weizen. Hohe volkswirtschaftliche Bedeutung hat die Kultur des Theestrauches und die Seidenzucht. Thee wie Seide haben hier ihre Heimat. Thee ist den Chinesen ein unentbehrliches, von Arm und Reich genommenes Genußmittel. In Ziegeln gepreßt dient er als Zahlungsmittel in der ganzen Mongolei. Reich ist China an Mineralschätzen jeder Art. Steinkohle fehlt in keiner der 18 Provinzen, und deshalb muß dem Lande eine große Zukunft prophezeit werden, wenn es einmal zu einer großindustriellen Bethätigung schreitet.

Die physische Begünstigung Chinas hat zum Anwachsen einer ungemein dichten Bevölkerung geführt. China zählt 345¼ Million Menschen, d. i. im Durchschnitt 87 pro km². Mehr als ein Drittel derselben drängt sich im chinesischen Tieflande zusammen, das dementsprechend trotz seiner Fruchtbarkeit an einer Uebervölkerung leidet. Dies zwingt den Chinesen zum Wanderstab zu greifen und in fernen Ländern seinen Lebensunterhalt zu suchen. Außer den schon genannten chinesischen Kolonien in Hinterindien und auf den malayischen Inseln finden wir solche im westlichen Nordamerika, in Australien, ja selbst in Afrika.

Die Chinesen haben bereits vor Jahrtausenden eine hohe Kultur ohne anregende Berührung mit Fremden erreicht; sie zeigt sich in Gesetzen, Rechtspflege, Litteratur, Gewerben und

Künſten als eine durchaus eigenartige und bodenwüchſige. Die
lange Abgeſchloſſenheit des Landes, der konſervative Sinn der
Bewohner hat zu einer Erſtarrung der Kultur, zur Verachtung
und Abweiſung alles Fremden geführt, und ſo wurden denn die
Chineſen von den weit ſpäter zur Kultur erwachten abendländiſchen
Völkern überflügelt. Nur widerwillig und gezwungen haben ſie
in neuerer Zeit ihr Land dem europäiſchen und amerikaniſchen
Handel geöffnet. Der Chineſe iſt Verſtandesmenſch und ſeine
Kultur durchaus auf das Praktiſche eingerichtet. Gelehrſamkeit
wird hoch geſchätzt, aber nur deshalb, weil ſie zu Amt und Würden
berechtigt. Die Staatsverfaſſung iſt theokratiſch; an der Spitze
ſteht der Kaiſer, „der Sohn des Himmels"; er iſt aber nicht
unbeſchränkt, ſondern muß eine Art oligarchiſcher Mitregierung von
Seiten der den einzelnen Provinzen vorſtehenden Gouverneure dulden.
In religiöſer Beziehung ſind die Chineſen ſehr indifferent; die
große Maſſe des Volkes bekennt ſich zu einem ſehr verſchwommenen
Buddhismus. Unter den Gebildeten herrſcht die Vernunftreligion
des Kongfuſe. Etwa 15—20 Millionen Chineſen ſind Mohammedaner. Das Chriſtentum wurde ſchon im 7. Jahrh. durch
neſtorianiſche Prieſter in China gepredigt. Im 16. Jahrh. kamen
die Jeſuiten ins Land; trotz aller Verfolgungen dürfte jetzt die
römiſch=katholiſche Kirche über 1 Million Bekenner zählen. Die
evangeliſchen Miſſionen entfalten in neuerer Zeit eine rege Thätig=
keit, doch ohne weſentlichen Erfolg.

Die Hauptſtadt des chineſiſchen Reiches, der Sitz des
Kaiſers, Peking (1 600 000 Einw.), liegt in dem Nord=
abſchnitt der chineſiſchen Ebene, unweit des Fluſſes Peiho.
Sie bedeckt ein weites Areal, doch wird ein großer Teil des=
ſelben von Gärten, Tempelbezirken, Teichen ꝛc. eingenommen.
Peking beſteht aus der Tatarenſtadt und der Chineſenſtadt;
letztere iſt der Sitz des Handels und Verkehrs; hier wogt
ein beängſtigendes Menſchengewühl durch die breiten, aber
ſtaubigen und von Schmutz ſtarrenden Straßen. Der Hafen

von Peking, Tientsin (950000 Einw.) ist einer der 20 dem europäischen Verkehr geöffneten Traktatshäfen. Hier ist das Ende der Seeschiffahrt auf dem Peiho und der Ausgangspunkt eines großen Karawanenhandels nach Sibirien. Im Mündungsgebiet des Jangtsekiang liegen Kiangning oder Nanking (500000 Einw.) und die wichtigen Traktatshäfen Schanghai (400000 Einw.) und Hangtschou (400000 Einw.). Nanking hat blühende Baumwoll- und Seidenindustrie; bis zur Mandschuherrschaft (1661) war es die Residenz des chinesischen Reiches. Den Jangtsekiang aufwärts treffen wir auf einen mächtigen Städtekomplex, der von den Orten Hankou (800000 Einw.), Hanjang (200000 Einw.) und Wutschang (400000 Einw.) gebildet wird. Die größte Stadt Chinas ist Kanton (2000000 Einw.), im Mündungsgebiet des Sikiang; sie hat in neuerer Zeit, namentlich seitdem sie Traktatshafen geworden, einen außerordentlichen Aufschwung in kommerzieller Beziehung genommen. Der Haupteinfuhrartikel ist Opium, in der Ausfuhr stehen Reis und Thee an erster Stelle. Neben Handel blüht auch mannigfaltige Industrie. Vor der Kantonbucht liegen das portugiesische Macao und die englische Insel Hongkong. Auf letzterer hat britische Energie die blühende Handelsstadt Hongkong oder Viktoria geschaffen. Zu China gehört auch die fruchtbare Insel Hainan.

§ 11. Amurland, Mandschurei und Korea.

Die östlich vom Chingangebirge und südlich vom Stanowoigebirge gelegenen Landschaften (von Korea abgesehen) werden in ihrem Kern von einer Tiefebene eingenommen, welche aber durch den niederen Höhenrücken des Iltschuri Alin in einen nördlichen und südlichen Abschnitt zerfällt. Der erstere ist das vom Amur durchſtrömte Amurland, der ſüdliche, die Mandſchurei, wird zum Teil durch den Sungari zum Amur, zum Teil durch den Liauho zum Gelben Meere hin entwäſſert. Die Oſtbegrenzung des Amurlandes und der Mandſchurei bildet ein altkryſtalliniſches Gebirge, zwiſchen deſſen Parallel- ketten der Uſſuri, ein Zufluß des Amur, und der untere Amur ſelbſt ihren Lauf nehmen.   Die öſtlichſte Parallelkette, das ta- tariſche Gebirge, ſteigt bis 1500 m an und fällt ſteil zum Meere ab.   Auch die langgeſtreckte Inſel Sachalin, ein los- geſprengter Teil des Feſtlandes, wird von dicht bewaldeten, bis 1500 m anſteigenden Gebirgskämmen durchzogen.   Der Amur iſt ein mächtiger Strom, der mit zwei Quellflüſſen im Jablonoigebirge und in deſſen ſüdlichen Vorbergen entſpringt; leider kann er nicht vom Meere aus als Verkehrsſtraße ins Innere benutzt werden, da ſeine Mündung verſandet und der Tatariſche Sund wegen ſeiner Untiefen gefahrvoll zu befahren iſt.   Das in ruſſiſchem Beſitz befindliche Amurland iſt frucht- bar, dicht bewaldet, aber noch gering bevölkert.   Die wichtigſte Siedlung iſt Wladiwoſtok (14 000 Einw.), am Japaniſchen Meere, mit Freihafen und regem Handel.   Weit geringere phyſiſche Begünſtigung zeigt die Mandſchurei; ſie iſt in einem großen, öſtliche Gobi genannten Teil ihres Gebietes ohne Abfluß zum Meere und trägt hier vollkommenen Wüſten- und Steppencharakter.   Nur in der Nähe der Flüſſe iſt dauernde Siedlung und Ackerbau möglich.   Die Mandſchurei ſteht unter chineſiſcher Herrſchaft und iſt das Stammland der Mandſchu, welchen auch das jetzt regierende Kaiſerhaus angehört.   Doch treten die Mandſchu gegenüber den immer mehr ſich häufenden chineſiſchen Koloniſten zurück.   Der Hauptort Mukden (250 000 Einw.) treibt lebhaften Handel.

Das unabhängige Königreich Korea wird von einer aus

alten Gesteinen aufgebauten Bergkette durchzogen, die ziemlich
nahe der Ostküste läuft und zu dieser steil herabsteigt, während
sich ihr im Westen Seitenkämme angliedern, zwischen welchen
Flüsse ihren Lauf nehmen. Auf dem kulminierenden Gipfel,
Paikunsan (2470 m), entspringt der Amnok, der die Grenze
gegen China bildet. Korea wird von einem mongolischen
Volke bewohnt, das ausschließlich Ackerbau und Viehzucht
betreibt. Die Hauptstadt Söul (250000 Einw.) oder Kjöng
liegt unfern der Westküste.

§ 12. Japan.

Die japanischen Inseln lassen in ihrem Aufbau
Bogenstücke zweier zertrümmerter Kettengebirge erkennen, welche
in einem nicht sonderlich breiten, quer über Hondo, von
Simoda an der Ostküste bis zur Fusenobai an der Westküste
reichenden Landstrich auf einander stießen. Dieses „großer Graben"
genannte Gebiet ist durch massenhaften Erguß jungvulkanischer
Produkte ausgezeichnet; hier erheben sich nebst vielen anderen
Vulkanen der noch thätige Asamajama (2525 m) und der
höchste, bekannteste und berühmteste Berg Japans, der Fuji-
jama (3760 m), welcher den Buddhisten heilig ist. Diese
vulkanische Zone setzt sich mit gleichbleibender Richtung über
die Sitsi- (Schitschito-) Inseln auf den Bonin-Inseln fort.
Von dem durch Brüche zertrümmerten Kettengebirge finden
sich archäisch-paläozoische Schollen an der West- und Ostküste;
in den dazwischenliegenden Senkungsgebieten sind zahlreiche
Vulkane emporgestiegen, welche das Relief beherrschen und
mit ihren massenhaften Eruptivprodukten wechselvolle Berglandschaften bilden. Durch landschaftliche Schönheit sind das
Hakone- und Nikko-Bergland ausgezeichnet. Im äußersten
Norden schwingt sich die Vulkanzone der japanischen Inseln

über die Kurilen nach Kamtschatka hinüber. Während aber die Kurilen ganz vulkanischer Entstehung sind, lassen die von Kiuschiu nach Formosa führenden Liukiu=Inseln noch Bruch= stücke einer archäischen Kette erkennen; nur eine Reihe kleinerer Inseln sind vulkanischen Ursprungs. Die japanischen Inseln sind noch dem kontinentalen (Monsun=) Windsystem unter= worfen; doch sind die Winter gemäßigt und zwar durch den Einfluß der warmen, der Küste entlang ziehenden Kuroschiwo= Strömung.

Die Japaner sind ein ungemein bildungsfähiges Volk mon= golischer Abstammung und bekennen sich vorwiegend zum Bud= dhismus. Obwohl einst den Chinesen an Kultur nachstehend, haben sie durch willige Aufnahme europäischer Kultur dieselben weit überflügelt. Innerhalb der kurzen Frist von dreißig Jahren hat sich der Uebergangsprozeß vollzogen von Zuständen, die aus jahrhundertelanger Abgeschlossenheit sich ergaben, zu einem modernen, zivilisierten Staatswesen. Häfen sind dem fremden Handel geöffnet, Eisenbahnen und Telegraphenlinien wurden gebaut, Schulen niederen, mittleren und höheren Ranges er= richtet, Heer und Marine nach europäischem Muster organisiert, Handel und Industrie in jeder Weise begünstigt. An der Spitze des Staates steht der Kaiser oder Mikado, welchem nach europäischem Vorbilde eine Volksvertretung zur Seite steht.

Die Hauptbeschäftigung der Japaner ist der Ackerbau, und zwar wird vornehmlich Reis gewonnen. Hoher Blüte erfreut sich auch die Thee= und Seidenkultur. Unentwickelt ist die Viehzucht, da der Japaner wenig Fleischspeise genießt. Der Mineralreichtum des Landes scheint ein ziemlich beträcht= licher zu sein (Kohlen, Kupfer, Eisen), wird aber noch wenig ausgebeutet. Die Gewerbethätigkeit der Japaner ist uralt und mannigfach (Textil=, Porzellan=, Lackwarenindustrie). In neuerer Zeit geht man immer mehr zum maschinellen Betrieb über. Es herrscht die Tendenz, nicht bloß sich vom ausländischen Import unabhängig zu machen, sondern auch auf fremden Märkten mit den europäischen und amerikanischen Waren in Wettbewerb zu treten. Der Binnen= wie Außenhandel ist in stetem Steigen begriffen. Tokio (1214000 Einw.), an der Ostküste der großen Insel Hondo oder Nippon, ist die Haupt= und Residenzstadt des Reiches und betreibt neben großer Industrie ausgedehnten Handel. Das benachbarte Jokohama (152,000 Einw.) ist ein wichtiger Ausfuhrhafen für Thee und Seide. Im mittleren Nippon und am Biwasee liegt die ehemalige Residenzstadt Kioto (317000 Einw.), welche noch jetzt in ihrer Bauart ein Bild unverfälschten japanischen Wesens bietet, in neuerer Zeit aber auch als Industriestadt Bedeutung erlangt hat. In ihrer Nähe liegen die Hafen= und Industriestädte Kobe=Hiogo (153000 Einw.) und Osaka (483000 Einw.). Von den Städten der übrigen Inseln nennen wir Nagasaki (65000 Einw.) auf Kiuschiu, welche den Verkehr mit China vermittelt, und Hakodate (64000 Einw.) auf der Insel Jeso.

Zu Japan gehört auch die Insel Formosa oder Taiwan; sie wurde 1895 von China abgetreten. Die Insel wird von einem krystallinischen Kettengebirge durchzogen, welches bis 4280 m ansteigt und ist sehr fruchtbar.

Nordasien

umfaßt das ganze nördlich und westlich des zentralasiatischen Hochlandes gelegene Gebiet bis zum Uralgebirge im Westen und den Randketten des iranischen Hochlandes im Südwesten; es begreift also Sibirien und das turanische Tiefland in sich und steht unter russischer Herrschaft.

§ 13. Sibirien

ist im östlichen Teile, bis zum Jenissei, von dem niederen nordasiatischen Bergland erfüllt, das höchstens bis zu 600 m Meereshöhe emporragt und erst gegen die nördlichen Gebirgs= umwallungen Zentralasiens höher ansteigt. Im Südosten schließt es das Stanowoigebirge gegen das Amurland ab. Dieses Gebirge läßt sich bis in die Tschuktschen=Halbinsel verfolgen, wo es mit dem Ostcap abbricht. Die Halbinsel Kamtschatka wird in ihrer ganzen Länge von einem mächtigen Gebirge durchzogen, welches hoch in die Schneeregion aufragt und in seinen östlichen Teilen zahlreiche Vulkane trägt. Der höchste der thätigen Vulkane ist der Kliutschew (4804 m). Die geringe Erhebung des nordasiatischen Berglandes bewirkt, daß die Wasserscheide zwischen den beiden dasselbe durchmessen= den Riesenströmen, Lena und Jenissei, äußerst wenig im Relief hervortritt. Wegen der langen, 6 bis 7 Monate dauernden Eisbedeckung haben die Ströme als Verkehrsadern nur beschränkte Bedeutung. Die Lena mündet mit einem ausgedehnten Delta, der Jenissei dagegen mit einer breiten ästuarähnlichen Bucht in das Nördliche Eismeer.

Westlich vom Jenissei bis zum Uralgebirge breitet sich das sibirische Tiefland aus. Nach Süden ist es durch einen niederen, von der Kirgisensteppe eingenommenen Erhebungs= riegel von dem turanischen Tiefland geschieden. Beide Tief= landschaften waren noch in der Quartärzeit von einem zusammenhängenden Meere bedeckt, welches über die Manytsch= niederung hin mit dem Schwarzen Meere, andrerseits nach Osten durch die dsungarische Pforte mit dem Hanhai in Ver= bindung stand. Das sibirische Tiefland ist das Stromgebiet des Ob, der im Altai entspringt und in trägem Laufe seine

Baffer zum Nördlichen Eismeer wälzt; er mündet in eine
lange, schmale Bucht. Sein weitaus größter Nebenfluß ist
der Irtisch. Mit seinen schiffbaren Nebenflüssen dient der
Ob in hervorragender Weise zur Vermittlung des Verkehrs
zwischen Ost und West.

Den Hauptbestandteil der Bevölkerung bilden die griechisch=
orthodoxen R u f f e n und ihre Nachkommen (3 Millionen; so=
genannte Sibiriaken), welche allein seßhaft sind, während die
einheimischen Stämme noch ein nomadisierendes Leben führen.
Außerdem giebt es noch etwa ¼ Million Sträflinge und
Verbannter, deren Lage zumeist eine sehr schlechte ist. Am
schlimmsten sind jene daran, welche zur Zwangsarbeit in den
Bergwerken verurteilt wurden. Die ausschließliche Beschäf=
tigung der Sibirier ist der A c k e r b a u, der im mittleren und
namentlich im südlichen Sibirien reiche Erträgnisse bietet.
Doch hat der Bauer keinen Gewinn davon, da der Ueberschuß
wegen Mangel an Verkehrswegen nicht an den Mann gebracht
werden kann. Ein großer Teil des Getreides wird, da es
eine andere Verwendung hat, zur Schnapsbrennerei verwendet,
die fast die einzige größere Industrie Sibiriens ist. Ganz
vernachlässigt ist die Viehzucht. Der P e l z h a n d e l wird,
infolge der schonungslos betriebenen Jagden und der dadurch
bewirkten Ausrottung der Tiere, immer geringer; dagegen
steigen die Einnahmen aus den B e r g w e r k e n (Eisen, Gold
und Platin im Ural, Silber und Blei im Altai, Graphit im
ijanischen Gebirge). Mit China wird ein lebhafter Handel
unterhalten. Im Sommer findet der Warentransport mit
Benutzung der schiffbaren Gewässer, im Winter mittels
Schlitten statt (auf dem „sibirischen Tract", der vom Baikalsee
über Tomsk und Omsk nach dem europäischen Rußland führt).
Neuerdings ist der Bau einer großen Eisenbahnlinie in Angriff

genommen worden, die im Anschluß an das europäische Eisen=
bahnneß durch das südliche Sibirien bis an die Ufer des
Stillen Ozeans führen soll. Im westlichen Sibirien sind
die bedeutendsten Städte Tobolsk (21 000 Einw.) und
Omsk (55 000 Einw.) am Jrtisch, Tomsk (42 000 Einw.),
am Tom, einem Zuflusse des Ob, sämtliche mit regem Handel.
Tomsk ist auch Sitz der sibirischen Universität. In Ostsibirien
ist der bedeutendste Ort Jrkutsk (50 000 Einw.), an der
Angara unfern ihres Austrittes aus dem Baikalsee; reger Handel
nach China. Ferner sind noch zu nennen: der Bergwerks=
distrikt von Nertschinsk und Jakutsk (6000 Einw.) an
der Lena, das Handel mit Pelzwerk und sibirischem Elfenbein
(von fossilen Mammuten) treibt.

§ 14. Das turanische Tiefland.

Jenseits der Kirgisensteppe betreten wir das turanische
Tiefland, welches größtenteils öde Salzsteppe ist. Nur
an dem Laufe der Ströme hat der Mensch die Bedingungen
zur Ansiedlung gefunden. Desgleichen zieht sich am Nordrand
der Gebirge Jrans ein Oasengürtel (Göktepe, Merw) hin,
der jetzt durch die von Usun Ada am Kaspisee über Buchara
und Samarkand nach Kokan führende transkaspische
Eisenbahn in den Weltverkehr einbezogen wurde. Die
tiefste Lage des turanischen Tieflandes bezeichnet der Kaspisee
(439 418 km² 1198 m tief), der größte Binnensee der Erde;
sein Spiegel liegt 26 m unter dem Niveau des Schwarzen
Meeres. Durch das etwa 200 m hohe, aus Tertiärschichten
aufgebaute Ust=Urtplateau wird der Kaspisee von dem um
74 m höher gelegenen Aralsee (66 999 km², 66 m tief)
getrennt. Letzterer schrumpft stetig zusammen, da die Ver=
dunstung die Speisungsbeträge seiner Zuflüsse Syr (Jaxartes)

und Amu (Oxus) weit überwiegt. In seinen klimatischen
Verhältnissen zeigt sich Turan mit dem Hanhai verwandt.
Der Sommer ist heiß und regenarm, der Winter rauh und
stürmisch. Der Kaspisee friert im Norden alljährlich zu, und
die beiden Ströme bedecken sich jeden Winter einen Monat
mit Eis.

Schritt für Schritt und mit zäher Ausdauer haben in
unserem Jahrhundert die Russen ihre Herrschaft über ganz
Turan bis an die Grenzen Persiens und Afghanistans ausgedehnt und sind dadurch die gefährlichen Nachbarn der englischen Interessensphäre geworden. Die türkischen die
Wüste durchstreifenden Nomadenstämme, welche mit ihren
räuberischen Ueberfällen den Nachbargegenden wiederholt Verderben brachten, wurden gebändigt und den friedlichen, Ackerbau
treibenden Tadschik und Sarten, Volksstämmen von wahrscheinlich iranischer Abstammung, Sicherheit und Ruhe ver-
liehen. Der Hauptort ist Taschkent an einem Zuflusse des
Syr (121000 Einw.), mit ausgedehntem Handel nach Inner-
asien und Rußland. Im üppig fruchtbaren Thale des Serafschan liegt das altberühmte Samarkand (33000 Einw.),
mit dem Grabmale des Tamerlan. Russische Vasallenstaaten,
welche allerdings nur mehr den Schein einer Selbständigkeit
besitzen, sind das Emirat Buchara und das Chanat Chiwa;
ersteres dehnt sich am rechten, letzteres am linken Ufer des
Amu aus. Die gleichnamigen Hauptstädte Buchara (70000
Einw.) und Chiwa (6000 Einw.) treiben lebhaften Handel.

Vorderasien

umfaßt die Landschaften Iran, Armenien, Kleinasien, das
mesopotamische Tiefland und die syrisch-arabische Tafel. Ge-
meinsam mit Zentralasien hat Vorderasien den Kontrast zwischen

abflußlosen, wasserarmen, Steppen= und Wüstencharakter tragen=
den Gebieten im Innern und reich bewässerten, üppig frucht=
baren peripherischen Landschaften. Tektonisch charakterisiert sich
das syrisch=arabische Tafelland als eine afrikanische Landschaft,
während die übrigen Landschaften den Typus jungen Falten=
landes tragen.

§ 15. Das iranische Hochland

wird allseitig von gewaltigen Gebirgssystemen begrenzt und
im Innern von dem bis 1700 m ansteigenden schroffen
Kohrudgebirge in SW=NO=Richtung durchzogen. Das Hoch=
land ist ohne Abfluß zum Meere und ist fast ausschließlich
öde Salzsteppe und Sandwüste. Allenthalben mangelt es an
Wasser, da der äußerst heiße Sommer der Niederschläge ganz
entbehrt, übrigens auch der kühle, ja selbst kalte Winter nur
sehr geringe Niederschlagsmengen spendet. Die wenigen Fluß=
systeme, welche zur Entwicklung kommen, geben ihr Wasser
bald an flache, salzige Seee ab, so der Hilmend, der in den
Hamunsumpf mündet. Die günstigsten physischen Verhältnisse
zeigt die Landschaft Aderbeidschan, in welche der Urmiasee
(3843 km²; 14 m tief) eingebettet ist. Die Gewässer, welche
aus den umrandenden Gebirgen herabkommen, ermöglichen
reichlichen Anbau. Die nördlichen Randgebirge des iranischen
Hochlandes sind das Albursgebirge, der Kopet Dagh und das
Gulistangebirge, welch' letzteres zum Paropanisos und durch
diesen zum Hindukusch hinüberleitet. Das Albursgebirge,
welches zahlreiche Spuren vulkanischer Thätigkeit trägt, kul=
miniert mit dem Vulkan Demavend (5465 m).

Die südlichen Randketten werden unter dem Namen
Zagrosgebirge zusammengefaßt. Sie sind vorwiegend aus Kalk
aufgebaut, kahl und zerklüftet und steigen bis über 5000 m

an. In den Thallandschaften findet sich in=
folge reichlicher Bewässerung üppige Vege=
tation.

Das Hochland von Iran wird von den
Iraniern, einem arischen Volksstamme, be=
wohnt, der jetzt in die Perser, Afghanen und
Belutschen zerfällt. Kulturell am höchsten
stehen die Perser, welche der europäischen Zi=
vilisation Eingang gewährten, allerdings bis
jetzt noch nicht bewiesen haben, daß sie fähig
sind, dieselbe fortzubilden. Die alte Reli=
gion der Iranier war die Lehre des Zo=
roaster oder Zarathustra. Diese mußte aber
im Laufe der Zeit dem Islam weichen.
Eine geringe Zahl der Anhänger der alten
Religion haben sich in der Oase Jesd
erhalten.*) Aber auch die Mohammedaner
sind religiös gespalten, indem die Perser zum
größten Teil Schiiten sind, welche nicht wie
die übrigen Mohammedaner, die sogenannten
Sunniten, neben dem Koran auch die
Sunna oder Ueberlieferung als Richtschnur
ihres Glaubens und Lebens anerkennen. Be=
merkt sei noch, daß neben den Iraniern
in verschiedenen Teilen des Hochlandes auch
nomadisierende Turkstämme hausen, welche
ebenfalls sich zum Islam bekennen.

Das iranische Hochland wird von Af=
ghanistan, Belutschistan und Persien ein=

*) Auch in Bombay leben viele derselben als reiche
Kaufleute: sie werden hier Parsi genannt.

Profil durch das iranische Hochland längs des 32. Parallels (50fache Ueberhöhung).

genommen. Die beiden erſteren werden durch die hohen
Ketten des Solimangebirges gegen die indiſche
Ebene abgeſchloſſen. Das nördliche Gebiet des Emirates
Afghaniſtan wird von den Ketten des Hindukuſch und ſeiner
weſtlichen Fortſetzungen, ſowie vom dem vorlagernden Gebirgs=
lande aufgebaut. In Afghaniſtan kommt die Nebenbuhler=
ſchaft Englands und Rußlands zum offenen Ausdruck. Während
die Ruſſen ſich bemühen, durch Einfluß im Lande den Schlüſſel
Indiens zu ſichern, trachten die Engländer nach der Erwerbung
einer feſten Verteidigungslinie. Die Afghanen, deren Sympa=
thien mehr auf ruſſiſcher Seite ſtehen, ſind vorwiegend Acker=
bauer und Viehzüchter, überaus tapfer und geiſtig vortrefflich
veranlagt. Der Hauptort iſt Kabul (60000 Einw.), in
1750 m Meereshöhe gelegen, ein hochwichtiger ſtrategiſcher
Punkt, denn von hier führt als einzig bequemer Verkehrsweg
das Kabulthal nach dem Industhal. In gleicher Weiſe be=
wacht Herat (50000 Einw.), im Thal des Herirud, den
Weg nach Merw und Turan überhaupt, wie auch nach Perſien.
Das von größtenteils nomadiſierenden Belutſchen bewohnte
und unter britiſcher Oberhoheit geſtellte Belutſchiſtan hat zur
Hauptſtadt Kelat (14000 Einw.), eine in 2070 m Meeres=
höhe gelegene Handelsſtadt.

Perſien iſt eine abſolute Monarchie, an deren Spitze der
Schah=in=Schah („König aller Könige“) ſteht. Einſt ein
mächtiger die Geſchicke Vorderaſiens lenkender Staat, iſt es jetzt
macht= und kraftlos. Die Hauptbeſchäftigung der meiſt ſeß=
haften Bewohner iſt Ackerbau, der dort, wo Bewäſſerung vor=
handen iſt, reichliche Ernten giebt. Doch ſind die fruchtbaren
Gebiete ſpärliche Ausnahmen. Die induſtrielle Bethätigung
iſt überaus gering und geht unter dem Einfluß europäiſcher
Einfuhr ſichtlich zurück. Der Handel leidet unter dem Mangel

an geeigneten Verkehrsmitteln. Die größte Stadt von Persien ist Teheran (210000 Einw.) auf dem Hochlande nahe dem Albursgebirge in 1262 m Meereshöhe gelegen, von dem jetzigen, türkischen Herrschergeschlecht zur Hauptstadt erhoben. Südlich davon liegt Isfahan (90000 Einw.), die erste Industriestadt Persiens, mit blühender Textilindustrie. Industrie und Handel treibt das in Aderbeidschan gelegene Täbris (180000 Einw.). Am Kaspisee liegt Barfurusch (50000 Einw.) und im äußersten Nordosten des Reiches Meschhed (70000 Einw.). Schiras (32000 Einw.), die vielbesungene, durch ihren herrlichen Rosenflor und ihren trefflichen Wein berühmte Stadt, liegt in einer üppig fruchtbaren Thallandschaft der Zagrosketten. Unfern davon erheben sich die Ruinen des alten Persepolis. Abuschehr oder Buschir (27000 Einw.) ist die wichtigste Hafenstadt am Persischen Golfe.

§ 16. Das armenische Hochland und seine Vorländer.

Die Landschaft Aderbeidschan führt uns nach dem armenischen Hochlande, dem höchsten Teile Vorderasiens, der Wiege der Zwillingsströme Kura-Aras und Euphrat-Tigris. Ein Anzahl herrlicher Seen finden sich hier eingebettet, so der Wan- und Goktschasee. Ueber das Hochland erheben sich Bergketten und Gipfel, am höchsten der schneebedeckte, vulkanische Große Ararat (5156 m). Das Hochland ist im allgemeinen infolge der herrschenden Trockenheit kahl und waldarm, in den Flußthälern aber von üppiger Fruchtbarkeit. Die Bewohner Armeniens haben schon früh das Christentum angenommen und bilden eine von der griechischen Kirche getrennte Sekte. Ihr Patriarch residiert im Kloster Etschmiadsin. Die Armenier sind ein thätiges, meist handeltreibendes Volk, das zäh an seiner Religion, Sprache und Sitte hängt, aber keine staat-

liche Selbständigkeit zu erringen wußte. Das armenische Hoch=
land gehört teils den Persern, teils den Russen, teils den
Türken. In Russisch-Armenien liegen die starken Festungen
Kars und Eriwan, in Türkisch-Armenien die Festung Er=
serum.

Russischer Besitz ist auch das zu beiden Seiten des
Kaukasus sich ausdehnende Kaukasien. Der Kaukasus erstreckt
sich von der Mündung des Kuban bis Baku am Kaspisee
in Südostrichtung und stellt sich in seiner Gesamtheit als ein
mächtiges Kettengebirge dar, das geradezu typische Ausbildung
in seinem westlichsten niederen Drittel hat, während es im
Osten mehr den Charakter eines durch Erosion zerrissenen
Plateaulandes annimmt (Hochland von Daghestan). In seinem
mittleren, vorwiegend aus Granit aufgebauten und stark ver=
gletscherten Teile erhebt sich der Elbrus (5632 m). Am Ost=
fuße des Kasbek (5043 m) führt der einzige bequeme Kaukasus=
paß, die sog. „Dariel=Route", von Tiflis nach Wladikawkas.
Der Kaukasus fällt nach Süden steil ab zu der gegen die
winterlichen Nordstürme geschützten, üppig fruchtbaren, von
Rion (Phasis) und Kura durchströmten Senke, der Heimat
des Weinstockes und Fasanes (Transkaukasien). Der Nord=
abfall führt dagegen allmählich über vorgelagertes Bergland
zu einem nur wenig Meter über den Spiegel des Schwarzen
Meeres sich erhebenden Tieflande, das eine Fortsetzung der
großen kaspischen Steppe ist und von den Flüssen Kuban und
Terek zum Schwarzen Meere und dem Kaspisee entwässert
wird (Ciskaukasien). Hier herrschen bereits kontinentale Klima=
verhältnisse mit heißen Sommern, kalten Wintern und geringen
Regenmengen.

Kaukasien zeigt ein buntes Völkergemisch. Neben den
einheimischen, sog. kaukasischen Völkern (etwa 6 Mill.),

giebt es ruſſiſche und andere Eingewanderte (etwa 2 Mill.).
Die kaukaſiſchen Völker zerfallen in zahlreiche Stämme (Tſcher=
keſſen, Lesghier, Mingrelier, Georgier u. a.) und zeichnen ſich
durch ein ſtarkes Unabhängigkeitsgefühl und todesmutige
Tapferkeit aus.   Nur mit Mühe und zäher Ausdauer iſt den
Ruſſen deren Unterwerfung gelungen.   Die Hauptbeſchäftigung
der Bewohner iſt Ackerbau, der an vielen Oertlichkeiten reiche
Erträgniſſe abwirft.   Transkaukaſien iſt reich an Mineralien.
Berühmt ſind die unerſchöpflichen Naphtaquellen von Baku
(112 000 Einw.).   Die wichtigſte Stadt von Transkaukaſien
iſt Tiflis an der Kura, mit warmen Schwefelquellen, reger
Induſtrie und lebhaftem Handel.   Zu immer größerer Be=
deutung kommen die Hafenſtädte Poti und Batum am
Schwarzen Meere.   Die größte Stadt von Ciskaukaſien iſt
Jekaderinodar (77 000 Einw.), am Kuban.

Nach Süden fällt das armeniſche Hochland zur Land=
ſchaft Meſopotamien ab, dem zwiſchen der ſyriſchen Wüſtentafel
und den Zagrosketten gelegenen Stromgebiet des Euphrat und
Tigris.   Meſopotamien zerfällt in zwei Teile: Der nördliche,
Hoch=Meſopotamien, reicht bis dorthin, wo Euphrat und Tigris
ſich zum erſtenmal nähern, alſo bis in die Gegend von
Bagdad.   Südlich davon erſtreckt ſich Nieder=Meſopotamien.
Hoch=Meſopotamien iſt unter dem Einfluß der brennenden
Sommerhitze und durch den Mangel an Niederſchlägen eine
öde, nur mit verkümmerten Tamarisken, kleinem Geſtrüpp
und Wüſtenpflanzen bedeckte Hochebene.   Nieder=Meſopotamien,
eine völlig flache, jeglichen Höhenunterſchiedes entbehrende
Alluvialebene, war im Altertum und Mittelalter durch zahl=
reiche Kanäle, welche die Wäſſer der Ströme über das Land
verteilten, ein hochkultivierter Landſtrich.   Seit dem Unter=
gang des Kalifenreiches ſind dieſe Bewäſſerungsanlagen ver=

fallen, und das Gebiet hat sich teils in Wüste, teils an den Flüssen in Sumpf umgewandelt. Nur längs den wenigen noch vorhandenen Kanälen finden sich schmale Kulturstreifen, welche oft Monate hindurch unter Wasser gesetzt und von den Schlammablagerungen gedüngt werden. Die beiden Ströme vereinigen sich unter 31° nördl. Breite und streben als Schatt-el-Arab dem seichten Persischen Golfe zu; ihre Mündung bildet ein ausgedehntes Delta.

Mesopotamien steht jetzt unter türkischer Herrschaft und hat weder politische noch wirtschaftliche Bedeutung. In Ober-Mesopotamien ist Mosul (57000 Einw.) am Tigris der Mittelpunkt eines ausgedehnten Handels; die ehedem blühende Textilindustrie (Musseline) ist verschwunden. Unfern davon finden sich die Ruinen der glanzvollen assyrischen Hauptstadt Ninive. Im südlichen Mesopotamien ist der Hauptort das gewerbfleißige Bagdad (100000 Einw.), einst die prächtige Residenz der Kalifen. Südlich davon die Ruinen des stolzen Babylon. Basra oder Bassora (40000 Einw.), am Schatt-el-Arab, ist eine wichtige Handelsstadt, von wo Dampfschiffe nach Bagdad und Bombay gehen. Mit ihr rivalisiert in neuerer Zeit Mohamera.

§ 17. Kleinasien

wird im Norden und Süden von waldbedeckten Randgebirgen begrenzt, welche steil zum Meere, sanft gegen das innere Hochland abfallen. Das nördliche, pontische Gebirge, ist überdies niedriger als das südliche, das Taurusgebirge, welches im Medelis mit 3500 m kulminiert. An dessen Ostfuße führen die berühmten cilicischen Pässe aus dem inneren Kleinasien in die Küstenebene von Adana. Das innere, 800—1000 m hohe Hochland, welches dort, wo genügende Bewässerung vor-

handen ist, bedeutende Fruchtbarkeit besitzt, ist in seinen süd=
lichen Teilen abflußlos; in seinen nördlichen aber wird es
durch einige Flüsse, von welchen der Kisil Irmak der größte
ist, zum Schwarzen Meere entwässert. Das abflußlose Ge=
biet ist teils Steppe, teils ausgesprochene Salzwüste. Hier
finden sich zahlreiche Seen eingebettet (Tüs Tschöllü). Einsam
inmitten des weiten Hochlandes erhebt sich der Vulkan Erd=
schias (3850 m).

Westlich vom 30. östlicher Länge ändert sich der Charakter
des Landes. Die weiten Plateaulandschaften verschwinden,
das Land erscheint zersägt und in einzelne westöstlich streichende
Bergketten aufgelöst, welche überaus fruchtbare Längsthäler
(Menderez oder Mäander) einschließen. Hier ist die Küste
den westlichen Luftströmungen geöffnet und hat daher milderes
Klima.

Kleinasien steht unter türkischer Herrschaft. Den Haupt=
bestandteil der Bevölkerung bilden die Osmanen, welche
mit den wenigen noch in der europäischen Türkei siedelnden
Angehörigen die letzten kläglichen Reste des einst so mächtigen
mongolischen Stammes darstellen, vor dem das Abendland
erzitterte. Die Osmanen Kleinasiens sind ein friedliches, Acker=
bau, Schaf= und Ziegenzucht treibendes Volk. Trotz der
Ergiebigkeit des Bodens sind sie arm und elend, von der tür=
kischen Mißwirtschaft ausgesogen. An der physisch so sehr
begünstigten Westküste, welche im Gegensatz zur Nord= und
Südküste eine bequeme Verbindung mit dem inneren Hoch=
lande ermöglicht, siedeln vornehmlich Griechen. Hier liegt an
einer gesicherten prächtigen Bucht die Handelsstadt Smyrna
(225 000 Einw.), welche mit allen größeren Mittelmeerhäfen
in regelmäßiger Dampfschifffahrtsverbindung steht, und von
wo mehrere Eisenbahnlinien ins Innere führen. Brussa

(60 000 Einw.), am Fuße des mysischen Olymps, war ehe=
dem Residenz der Sultane.   Trapezunt (45 000 Einw.) ist
die wichtigste Handels= und Hafenstadt am Schwarzen Meere.
Im Innern liegen das alte Kaisarie (Caesarea, 60 000 Einw.)
unter Kaiser Valerian eine blühende Stadt von 400 000 Einw.
und Angora (37 000 Einw.), mit Tuchmanufaktur aus den
Haaren der dieser Gegend eigentümlichen Ziegen.

Der Westküste Kleinasiens sind eine Unzahl Inseln vor=
gelagert, die sogenannten Sporaden, welche nichts anderes
sind als die Bruchstücke einer ehemaligen Landverbindung zwischen
Kleinasien und der Balkanhalbinsel.   Die größten sind Myti=
lene oder Lesbos mit dem gleichnamigen, im Vergleich mit
dem Altertum sehr gesunkenen Hauptorte, Chios, Samos
und Rhodus.   Samos ist ein selbständiges Fürstentum unter
einem von der Pforte ernannten und derselben tributären
Fürsten griechischer Abstammung.   Die Insel Cypern wird von
zwei bogenförmigen Gebirgsstücken durchzogen und steigt bis
gegen 2000 m an.   Die vorwiegend griechische Bevölkerung
treibt Landwirtschaft, wozu der fruchtbare Boden einladet. Von
Alters her ist die Insel wegen ihres Kupferreichtums berühmt,
Cypern steht seit 1878 unter englischer Verwaltung.

§ 18. Syrien und Palästina.

Jenseits der Ketten des taurischen Gebirges betreten wir
das Gebiet des ungefalteten syrisch=arabischen Tafellandes, welches,
wie schon erwähnt, durch die kolossale Grabenversenkung des
Roten Meeres von Afrika getrennt wurde.   Diese Graben=
versenkung setzt sich im Golf von Suez fort.   Eine zweite
Grabenversenkung ist die syrisch=palästinische, welche den Golf
von Akaba bildet, dann sich nach Nordnordost über das Wadi
Akaba in der Jordanspalte („El Ghor") fortsetzt und schließlich

in den zwiſchen Libanon und Antilibanon verlaufenden Graben
von Cöleſyrien oder Bekâ â übergeht. Zu beiden Seiten der
letzteren Grabenverſenkung erheben ſich ſtehengebliebene höhere
Horſte, welche ſteil zur Grabenverſenkung, aber ſanft zum
Mittelländiſchen Meere und zur ſyriſchen Wüſte abſteigen.
Die das fruchtbare, durch Orontes und Leontes entwäſſerte
Cöleſyrien flankierenden Horſte ſind der Libanon und Anti=
libanon. Der erſtere kulminiert mit dem Dor el = Chodib
(3067 m), der letztere mit dem Großen Hermon (2860 m).
Die prächtigen Cedernwaldungen, welche einſt das Gebirge
bedeckten, ſind faſt vollſtändig ausgerodet worden.

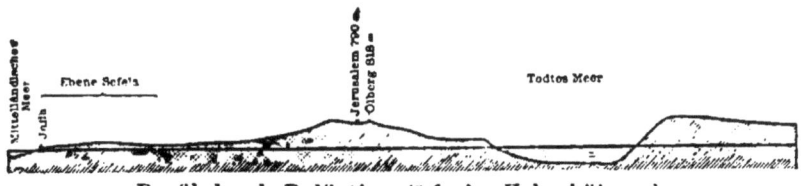

Profil durch Paläſtina (5 fache Ueberhöhung).

Südlich vom libanotiſchen Gebirge gelangen wir in die
Landſchaft Paläſtina, deſſen zentrale Senke das vom Jor=
dan durchſtrömte Ghor iſt. Der Jordan entſpringt am Gr.
Hermon und tritt bald in den Meromſee, der in nur 2 m Meeres=
höhe liegt. Aus dieſem heraustretend, eilt er in kaskaden=
reichem Laufe dem fiſchreichen Tiberiasſee (See von Geneza=
reth) zu, der bereits 208 m unter dem Meeresſpiegel liegt.
Dieſen verlaſſend, durchſtrömt er in zahlloſen Windungen eine
fruchtbare, aber unter der türkiſchen Mißwirtſchaft verwahr=
loſte Ebene und mündet ſchließlich in das mit Salz geſättigte
Tote Meer (914 km²), deſſen Spiegel 394 m unter dem
Meeresſpiegel liegt, und das die tiefſte Depreſſion der Erde
iſt. Jenſeits des Toten Meeres ſteigt das Ghor wieder etwas

an. Die öſtlich und weſtlich das Ghor ſäumenden Horſte ſind das Oſt= und Weſtjordanland. Der Meeresküſte ent= lang zieht der ſchmale Tieflandſtreifen Kanaan, jenſeits deſſen das Land ſtufenförmig zu dem durchſchnittlich 800 m hohen weſtjordaniſchen Plateau anſteigt, das unter dem Ein= fluß der heißen, trockenen Sommer zumeiſt ein ödes, ſteiniges Gebiet mit kümmerlicher Vegetation ſtrauchartiger, blaßgrüner Feigendiſteln iſt, nur im Frühling kurze Zeit durch blühende Gewächſe einen freundlicheren Anblick bietend. Womöglich noch unwirtlicher iſt das 800 bis 1000 m hohe Oſtjordanland. Als bereits in die Wüſte vorgeſchobener Poſten erhebt ſich der baſaltiſche Dſchebel Hauran (1839 m). Die ſyriſche Wüſte, welche die geſchilderten Küſtenlandſchaften (zuſammen= faſſend Syrien genannt) von Meſopotamien trennt, beſitzt teils ſandigen, teils ſteinigen Boden und iſt jedes vegetabiliſchen und animaliſchen Lebens bar. Die Halbinſel Sinai verdankt ihre Dreieckform dem Zuſammentreffen der beiden Brüche, welche die ſyriſche Grabenverſenkung und das Rote Meer bildeten. Der ſüdliche Teil der Halbinſel wird von dem Sinai (2600 m), einem Granitgebirge von erſchreckender Oede, erfüllt. Den nördlichen Teil nimmt die Wüſte El Tih ein, durch welche die große Karawanenſtraße von Aegypten nach Mekka führt.

Syrien, welches unter türkiſcher Herrſchaft ſteht, wird vor= wiegend von islamitiſchen Semiten bewohnt. Im libanotiſchen Teile (Nordſyrien) liegt die wichtige Handelsſtadt Haleb oder Aleppo (110000 Einw.) und zwar dort, wo ſich der Euphrat am weiteſten nach Weſten ausbuchtet, daher der Verkehr nach dem meſopotamiſchen Tieflande am bequemſten iſt. Weſtlich davon liegt Antakie (Antiochia), einſt die Reſidenz der Seleu= ciden. Damaskus (150000 Einw.), in einer Oaſe am Oſtfuße des Antilibanon, iſt eine der älteſten und ſchönſten

Städte des Morgenlandes; Textil= und Eisenindustrie. Auf dem libanotischen Küstenstreifen, dem einstigen Wohnort der Phöniker, sind eine Menge blühender Städte in Schutt gesunken. Nur Beirut (Beritus, 105 000 Einw.) hat sich erhalten und ist jetzt der wichtigste syrische Hafen. In Palä= stina ist die weitaus wichtigste und größte Stadt Jerusalem (41 000 Einw.), wegen der an sie sich knüpfenden Erinner= ungen den Christen, Juden und Mohammedanern heilig. Südlich davon Bethlehem. Mit der Hafenstadt Jaffa (Joppe 12 000 Einw.) ist Jerusalem durch eine schmalspurige Eisenbahn verbunden.

§ 19. Die arabische Halbinsel

ist ein dürres, sonnverbranntes, regenarmes Hochland, das im Westen und Süden — bei teilweiser Erhebung der Rand= gebirge bis zu 2500 m — in Terrassen zu heißen Küsten= rändern abfällt, im Osten gleichfalls durch wallartige Berg= ketten von der Gestadezone abgetrennt ist, im Norden aber allmählich zum Euphrat sich abdacht. Die Halbinsel ist die Heimat der semitischen Araber, welche sich durch ihr Freiheits= gefühl, ihren Mut, Stolz und ihre dichterische Phantasie aus= zeichnen. Daneben machen sich in ihrem Charakter die üblen Züge der Selbstsucht, Habgier und Grausamkeit geltend. Das nördliche und südliche Drittel des inneren Hochlands ist voll= kommene Wüste von dem Typus der Sahara, mit vereinzelten Quelloasen und durchstrichen von den nomadisierenden Bedu= inen. Der mittlere Teil des Hochlandes, Nedsch genannt, wird von Bergmassen und einzelnen Kettenzügen erfüllt, welche fruchtbare und liebliche Thäler einschließen. Hier wohnten die seßhaften Wahabiten, eine streng mohammedanische Sekte. Einen wohlthuenden Gegensatz zu dem öden Innern bilden

stellenweise die **Küstenländer**. Die am nordwestlichen Abschnitt
des Persischen Meerbusens gelegene türkische Landschaft
El Hasa ist ein fruchtbares Tiefland. In dem von dem
Imam von Maskat (20 000 Einw.) beherrschten Oman erhebt sich der Dschebel Akhdar bis 3018 m. Die wegen ihrer
Perlenfischerei bekannten Bahrein=Inseln stehen unter
britischer Oberherrschaft.

Die Südküste, welcher die ebenfalls britischen Kurian=
Murian=Inseln vorgelagert sind, ist anfangs flach und
sandig und gewinnt erst im westlichen Drittel ein lebhafteres
Relief. Hier erhebt sich ein die türkischen Landschaften Jemen
und Hadramut erfüllendes Bergland, das reichlichere Regen=
mengen erhält und üppige Fruchtbarkeit zeigt (Kaffeebaum,
Dattelpalme, Weihrauch und Gummi arabicum spendende
Pflanzen u. a.). Es wurde deshalb schon im Altertum Arabia
felix genannt. Die Hafenstädte Hodeida und Mokka ver-
schiffen die Produkte des Landes. Die Engländer haben
als Schlüssel der Bab=el Mandebstraße und als Kohlenstation
und Stützpunkt des Verkehres nach Indien das Gebiet von
Aden und die vulkanische Insel Perim besetzt.

Nördlich von Jemen beginnt der heiße und trockene Küstenstrich Tihâma der Landschaft Asir. In der Landschaft Hed=
schas treten die kahlen Berge hart an die Küste heran und
steigen bis 2800 m empor. Von der jetzt türkischen Westküste Arabiens ist eine großartige Weltherrschaft ausgegangen.
Mohammed hat daselbst zu Anfang des VII. Jahrhunderts eine
Lehre verkündigt, welche ihren Ausdruck fand in dem lebendigsten
Glauben an die Einheit Gottes, an die Sendung des Propheten, an ein Leben nach dem Tode, sowie an ein rücksichts-
los waltendes Geschick. Der Fanatismus der Bekenner seiner
Religion, welche Islam (d. h. Gottergebung) genannt wurde,

hat ein mächtiges Reich geschaffen, das sich von Indien bis nach Spanien erstreckte. Seitdem die Türken das Erbe der Araber angetreten haben, ist die Kraft des Islam dahin. Der Hauptort von Hedschas ist **Mekka** (45000 Einw.), als Geburtsort Mohammeds die den Mohammedanern heilige Stadt, alljährlich von Tausenden von Pilgern aufgesucht. Ihre Hafenstadt ist **Dschidda**. Nördlich von Mekka liegt **Medina** (10000 Einw.), die zweite heilige Stadt des Islam, mit dem Grabe des Propheten.

Afrika.

§ 20.   Gliederung und Aufbau.

Afrika, der drittgrößte der fünf Erdteile wird von dem Mittelmeer, dem Atlantischen und Indischen Ozean und dem Roten Meere bespült und erstreckt sich vom Kap Blanco (37° 20′ Nordbreite) bis zum Kap Agulhas (Nadelkap 34° 51′ Südbreite). Die ehedem weitere Ausdehnung und Zuspitzung nach Süden läßt sich in der submarinen Agulhas-Bank deutlich erkennen. Der äußerste Westpunkt ist das Kap Verde (14° 35′ westl. L.), der östlichste das Ras Hafun (51° 28′ östl. L.), welches die östlichste Landspitze des plumpen, kaum noch als Halbinsel anzusprechenden Somalilandes ist. An der Westküste bildet das Zurückweichen des Gestades unter 5° nördl. Br. und dessen neuerliches Abschwenken vom 10. Meridian nach Süden den Golf von Guinea. Sonst fehlt eine tiefer eingreifende Gliederung. Einfache Küstenkonturen begrenzen Festes und Flüssiges; fast überall haben große Einbrüche der Erdkruste dieselben geschaffen. Rasch fällt der .

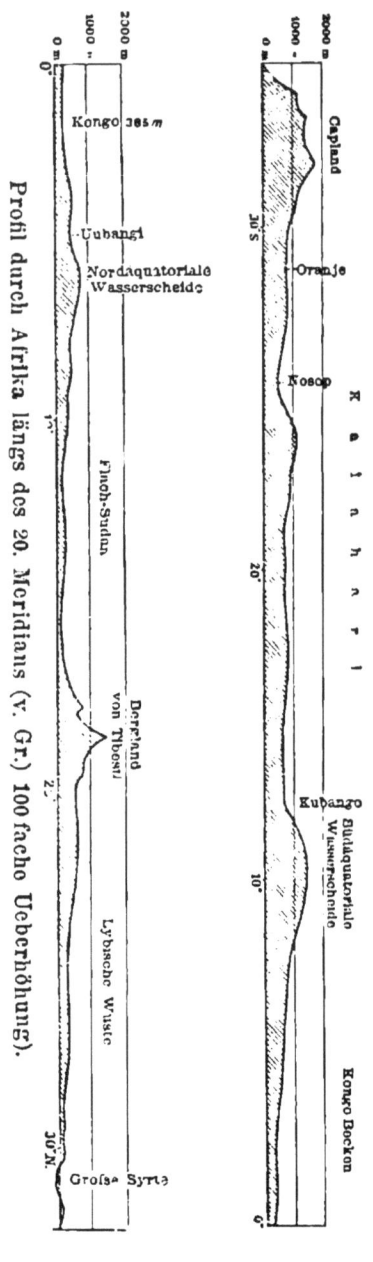

Profil durch Afrika längs des 20. Meridians (v. Gr.) 100 fache Ueberhöhung.

gewaltige Festlandssockel zu großen Meerestiefen ab und nur wenige kleine Küsteninseln erscheinen durch die weniger als 200 m Tiefe besitzende Flachsee an den Kontinent gekettet. Madagaskar ist ein stehengebliebener Pfeiler der einstigen Landverbindung Südafrikas mit Vorderindien. Die übrigen der zu Afrika gerechneten Inseln sind vulkanischen Ursprungs.

So einfach wie die horizontale Gliederung Afrikas ist auch seine Oberflächengestaltung. Es kennt keine weitverzweigte Gebirgssysteme, ebensowenig auch ausgedehnte Tieflandschaften, sondern zeigt vielmehr ausgesprochene Plateaubildung. (670 m mittlere Höhe.) Die mittlere Erhebung des Kontinentes nimmt von Süd nach Nord ab, doch ist diese Abnahme keine allmähliche, sondern wird durch mehrere Erhebungslücken zu einer wellenförmigen (vgl. Profil). Auch in ostwestlicher Richtung treffen wir ähnliche Verhältnisse. Durchwegs ist der Osten höher, der Westen tiefer. Doch ist auch hier

die Abdachung keine allmähliche, denn südlich vom Aequator
zeigt das Hochland nahe der Westküste eine Aufstülpung, welche
die inneren Hochlandschaften an Höhe bedeutend überragt, aber
weit niedriger als der östliche Gebirgswall ist. Da nun die
aus dem Inneren kommende Flüsse diese Gebirgsumwallungen
des inneren Hochlandes in kataraktenreichem Laufe durchschneiden
müssen, so setzen viele afrikanische Ströme gerade in ihrem
Unterlaufe dem Verkehr unüberwindliche Schwierigkeiten entgegen. Dies gilt vom Kongo, Sambefi und Oranje.
Besser steht es mit dem Nil und Niger, welche erst in
ihrem Mittellaufe dem Verkehre Hindernisse bereiten, im Unterlaufe aber gefahrlos zu befahren sind.

Die Einfachheit der horizontalen und vertikalen Gliederung ist das Resultat der geologischen Geschichte des Kontinentes. Mit Ausnahme des Atlasgebirges trägt ganz Afrika
den Charakter eines tektonischen Tafellandes, welches, ähnlich wie
die russisch-skandinavische Tafel, seit den ältesten Zeiten der
Erdgeschichte völlig unbewegt geblieben ist und erst durch Einbrüche, Erosion und Denudation, sowie durch Ergüsse jungvulkanischer Massen einige Reliefgestaltung gewonnen hat.
Solche jungeruptiven Gesteine bilden ganz Abessinien, das
Kamerungebirge, den Kilimandscharo. Tektonischen Ursprungs
sind auch die zahlreichen Seen. Das Atlasgebirge ist ein
Afrika durchaus fremdartiges Gebilde; es ist ein junges Faltengebirge, das noch in der Tertiärzeit intensiv aufgefaltet
wurde und einst mit den südeuropäischen Ketten in Zusammenhang stand. Der Zusammenhang über Malta und Sicilien
mit dem Apennin wurde erst im späteren Tertiär und in post-
glacialer Zeit aufgehoben, während über die Straße von Gibral-
tar noch in quartärer Zeit eine Landverbindung mit den süd-
spanischen Ketten bestanden hat.

§ 21. Klima, Flora, Fauna, Bevölkerung.

Afrika gehört mit seinem überwiegenden Teile der zwischen den beiden Wendekreisen liegenden tropischen Zone an. Ja, da die regelmäßigen Luftströmungen der Tropenzone, nämlich der Nordostpassat der nördlichen Halbkugel und der Südostpassat der südlichen Halbkugel, über die Wendekreise hinaus bis zu etwa 30° nördl. und südl. Breite wehen und der Kontinent im Norden nur um $7\frac{1}{3}$°, im Süden nur um 5° sich darüber hinaus erstreckt, so wird fast ganz Afrika von dem Tropenklima beherrscht, es ist somit der typische Tropen= kontinent. Mit Ausnahme des Kaplandes und des Atlas= gebietes hat ganz Afrika eine mittlere Jahrestemperatur von über 20° C. Am heißesten sind die südliche Sahara und der nördliche Sudan, wo die mittlere Jahrestemperatur auf über 30° C steigt.

Die reichlichsten Regenmengen (bis über 200 cm) em= pfängt Afrika zu beiden Seiten des Aequators; hier herrscht eine dem Zenithalstande der Sonne folgende doppelte Regen= zeit (im Frühling und Herbst). Hier dehnen sich undurch= dringliche Tropenurwälder über Tausende von km² aus, in welchen (am Guineagolf) die menschenähnlichen Affen Gorilla und Schimpanse leben. Auf dem ostafrikanischen Hochlande aber macht bereits die Savanne, die endlose Grasflur, welche nur an den Flußufern und anderen feuchten Stellen von Waldstreifen, sogenannten Galeriewäldern, umsäumt wird, dem Tropenurwald die Herrschaft streitig. Die Savanne ist die vorherrschende Vegetationsform Afrikas. Sie herrscht aus= schließlich in den an den Aequatorgürtel mit doppelter Regen= zeit sich anschließenden Gebieten mit einfacher Regenzeit im Nord= und Südsommer (bis etwa zu den beiden Wendekreisen reichend), wo die jährlichen Regenmengen bis auf unter 40 cm herabsinken. Die Savannen sind der Tummelplatz einer überaus reichen Tierwelt. Sie werden von Löwen, Panthern, Leoparden, Luchsen, Wildkatzen nach Beute durchstrichen. Von den großen Dickhäutern nennen wir Elefant, der durch die schonungslosen Jagden immer mehr zurückgedrängt wird, Rhinoceros und Flußpferd. Zahlreich sind die Antilopenarten, die Giraffen, Büffel, Zebras. Die Flüsse und Seen werden von Krokodilen und ungeheuren Scharen von Sumpfvögeln belebt. Die wichtigsten Kulturgewächse des tropischen Afrika sind Sorghum, Mais, Banane, Erdnüsse, Zuckerrohr und Baumwolle, an der Westküste die Oelpalme. Von Haustieren wurde namentlich das Rind im Sudan und in Ostafrika eingebürgert.

An die Gebiete mit einfacher Regenzeit schließen sich fast regenlose Wüstengürtel, im Norden die Sahara, im Süden die Kalahari an, nur vereinzelt mit kümmerlichen Dornsträuchern bedeckt. Bei der unwirtlichen Natur ist das Tierleben auf ein Minimum herabgedrückt. In den nicht ganz wasserlosen Strichen der Sahara zeigen sich Schakal, Hyäne und Strauß und hoch in den Lüften schwebt der Wüstengeier. Dagegen sind die Oasen üppig fruchtbar; neben der Kultur der Dattelpalme, des wichtigsten Baumes Nordafrikas, wird hier Getreidebau betrieben. Das wichtigste Haustier der Bewohner der Sahara ist das Kameel, das „Schiff der Wüste", welches ursprünglich nicht in Afrika heimisch war, sondern erst durch den Islam dahingebracht wurde.

Die Gestadeländer des Mittelmeeres und das Kapland haben wieder reichlicheren Regen, der vornehmlich im Winterhalbjahr fällt. Die Mittelmeerlandschaften haben den floristischen Charakter von Südeuropa. Orangen, Lorbeeren, Granaten bilden ganze Wälder, die Gärten und Ebenen prangen in unermeßlicher Fülle. Dagegen sind die Hochplateaus fast wüst, nur hier und da von kümmerlichen Sträuchern bedeckt. Von Haustieren werden vornehmlich Schafe, Ziegen und Esel gehalten. Das Kapland baut alle europäischen Getreidearten. Große Strecken von Weideland haben zu einer blühenden Schaf- und Rindviehzucht geführt. Als Haustier wird hier auch wegen seiner Federn der Strauß gehalten.

Obwohl Afrika zum Teil, nämlich mit seiner Nordküste, bereits dem Kulturkreise der alten Welt angehörte, war es doch bis in die allerneueste Zeit den Blicken der europäischen Kulturvölker verschleiert geblieben. Der Grund hierfür ist in der geringen Küstengliederung, der Unpassierbarkeit der Ströme im Unterlauf, den ausgedehnten Wüsten und den undurchdringlichen Waldgebieten zu suchen. Auch das den Europäern meist tödliche Klima mußte von diesem Kontinent abhalten, umsomehr als nicht reiche Mineralschätze oder Pflanzen, wie Amerika oder Ostindien sie lieferten, Gewinn versprachen. Mit dem raschen Gange der Erforschung in unserem Jahrhundert ging Hand in Hand die Besitzergreifung und Kolonisierung von Seite europäischer Kolonialmächte, so daß jetzt fast ganz Afrika aufgeteilt ist. Nur das weite Gebiet der Sahara, der mittlere und östliche Sudan haben ihre Selbstständigkeit bewahrt.

Die Bevölkerung Afrikas (170 Millionen, d. i. 6 pro km²) setzt sich überwiegend aus Negern zusammen, welche das ganze Tropengebiet bewohnen und in die Sudan- und Bantuneger zerfallen. Die Mehrzahl bekennt sich zum Heidentum in seiner niedersten und rohesten Form. Nur ein Teil der kulturell höher stehenden Sudanneger ist dem Islam ergeben. Südlich von den Negern, in den Steppen- und Wüstengebieten Südwestafrikas, wohnen die ebenfalls heidnischen

Hottentotten und Buschmänner, welche von den das südliche Afrika
bewohnenden Holländern und Engländern immer mehr
zurückgedrängt werden und im Aussterben begriffen sind. Auf
der Insel Madagaskar wohnen malayische Hovas, welche das
Christentum angenommen haben. Nordafrika wird von Völkern
der hamitischen und semitischen Rasse eingenommen. Hamiten sind
die Fellahin, die heutige Landbevölkerung Aegyptens, die
Kopten, die Berber, Tuareg oder Imoschagh, die Tibbu oder
Teda, die Nubier, die Mauren, die Abessinier, die Galla u. a.,
doch sind alle diese Völker nicht mehr rein hamitischen Blutes,
sondern mit nigritischem und arabischem Blute durchsetzt.
Semiten sind die Araber, welche erst unter den medinesischen
Kalifen nach Afrika kamen. Nordafrika ist das Verbreitungs=
gebiet des Islam. Christlich sind nur die Abessinier und
Kopten, sowie die Europäer (Franken genannt), welche in
den mittelländischen Gestadelandschaften, hauptsächlich in Al=
gerien, wohnen.

§ 22. Die Atlasländer

umfassen Marokko, Algerien und Tunis. Das Atlasgebirge
zerfällt in geologischer und orographischer Beziehung in zwei
Hauptteile. Der westliche, das marokkanische Gebirge,
setzt sich fast ausschließlich aus mesozoischen Schichten zusammen
und ist der älteste Teil des Atlaslandes, der wahrscheinlich
gegen Schluß der mesozoischen Periode zum letzten Male
aufgefaltet wurde. Orographisch besteht das marokkanische
Gebirge aus drei von Südwest nach Nordost streichenden Parallel=
ketten, von welchen die mittlere, der bis 4500 m ansteigende
Hohe Atlas, nicht bloß ein nur mühsam zu überwindendes
Verkehrshindernis, sondern auch eine wichtige hydrographische
und klimatische Grenzscheide ist. Nach Nordwesten dacht sich

der marokkanische Atlas in sehr fruchtbaren Terrassenlandschaften zum Meere ab. Am Mittelmeere jedoch erhebt sich das Land nochmals, hier steigt das Küstengebirge Er Rif bis 2200 m an.

In seinem östlichen, aus mesozoisch-tertiären Sedimenten und wesentlich in der Tertiärzeit aufgefalteten Teile nimmt das Atlasgebirge andere Gestaltung an. An Stelle der Ketten tritt eine Hochfläche von 110 km mittlerer Breite und 900 bis 1000 m mittlerer Seehöhe. Höhere Randgebirge, im Norden der Tellatlas, im Süden der saharische Atlas, begrenzen es und fallen steil zum Meere und zur Wüste ab. Das Hochland besteht aus tektonischen Mulden, welche durch Alluvionen ausgefüllt und in flache Ebenen umgewandelt wurden. Es trägt zumeist öden Steppencharakter und wird nach den sich darauf findenden Salzseen (Schotts) das Plateau der Schotts genannt.

Die ursprüngliche Bevölkerung der Atlasländer sind die Berber, in Algerien Kabylen genannt, welche sich zum Islam bekennen und größtenteils fleißige Ackerbauer sind. Daneben ist das Mischvolk der Mauren vertreten, welche ihre Entstehung dem Einfall der Araber in die früher rein berberischen Gebiete verdanken. Sie sind ein hochveranlagtes Volk, welches einst der Träger einer Kultur war, die in der islamitischen Welt weder vorher noch nachher ihresgleichen hatte. Heute siedeln die Mauren in überwiegender Zahl in Marokko und in den angrenzenden Strichen der Sahara. Außerdem wohnen in den Atlasländern auch Araber, welche im Gegensatz zu den Berbern ungemein arbeitsscheu und teilweise (Beduinen) noch nomadisierend sind, und Juden, die vom Handel leben.

Selbständig ist das Sultanat Marokko, das sich bis in

die Sahara ausdehnt und die Oasengruppen von Tafilet und Tuat umschließt. Die wirtschaftlichen Verhältnisse sind ungemein traurige, so daß eine Annexion des Landes durch eine europäische Macht ein wahrer Segen wäre. Trotzdem üppiges Kulturland vorhanden ist, wird infolge mangelnder Bewirtschaftung nicht einmal so viel produziert, als das Land bedarf. Durch sinnlose Entwaldung wurden an vielen Oertlichkeiten die Quellen, die Lebensadern der Kulturlandschaften, zum Versiegen gebracht; große Oelbaumwaldungen stehen unbenützt. Die wichtigsten Städte sind die beiden Residenzstädte Fes (140 000 Einw.) und Marokko (50 000 Einw.) und die Hafenstadt Tanger (20 000 Einw.). An der Küste besitzen die Spanier fünf befestigte Plätze, sog. Presidios, von welchen Ceuta der wichtigste ist.

Algerien, ehedem ein kriegerischer Barbareskenstaat, der durch schwunghaft betriebenen Seeraub auf den Verkehr im Mittelmeere äußerst hemmend wirkte, ist seit 1834 französische Kolonie. Seitdem hat sich das Land ungemein gehoben und ist reich an Getreide, Wein und Vieh. Außerdem giebt es Oliven-, Palmen-, Baumwoll- und Zuckerrohrpflanzungen. Eine große volkswirtschaftliche Rolle spielt das Halfagras, das in unerschöpflicher Fülle auf dem Hochlande der Schotts wächst. Von den Städten haben die größte Wichtigkeit die Hauptstadt Algier (83 000 Einw.) und Oran (75 000 Einw.), beide an der Küste und ausgedehnten Handel treibend, ferner im Inneren Constantine (47 000 Einw.). In dem zu Algerien gehörigen, von den Franzosen Petit désert genannten Teile der Sahara liegen eine Reihe blühender Oasen (Wargla, Golea u. v. a.).

Tunis, bis 1881 ein türkischer Vasallenstaat, steht jetzt unter französischer Oberherrschaft. Der Bei, welcher nur mehr den Schein einer Macht hat, residiert in der Hauptstadt Tunis (mit der Hafenstadt Goletta 135 000 Einw.); diese ist blühend durch Handel und Industrie. Unfern davon die spärlichen Ruinen des einst mächtigen Karthago.

§ 23. Die Sahara und Aegypten.

Südlich vom Atlasgebirge beginnt die große Wüstenzone der Sahara. Sie besitzt durchschnittlich 500 km Breite und ist der westlichste Teil jener gewaltigen Wüstenzone, welche die ganze alte Welt vom Atlantischen bis fast an die Gestade des Stillen Ozeans umschlingt. Die Sahara ist keineswegs, wie man früher meinte, ein Tiefland, sondern vielmehr ein durch= schnittlich 400—500 m hohes Hochland, das alle Land= schaftsformen vom wild zerklüfteten Gebirgsland bis zur tafel= gleichen Ebene zeigt. Die vornehmlich aus archäischen und jungvulkanischen Gesteinen aufgebauten Gebirgslandschaften von Ahaggar, Aïr und Tibesti (2400 m) finden sich in dem mittleren Teil der Sahara. Bloß deren westlichster, den Atlantischen Ozean säumender Abschnitt ist Tiefland von unter 200 m und zwar ist dessen tiefster Teil die Wüste Dschuf (Leib der Wüste; 120—150 m). Weite Strecken der Sahara sind mit Sand bedeckt, welcher durch die ab= schleifende Wirkung der Winde aus der festen Gesteinsunterlage entstanden ist. Die Winde werfen den Sand auch zu lang= gestreckten Dünenzügen auf, die 200 m Höhe und darüber erreichen. Charakteristisch sind die sog. Hammadas. Das sind wüste, mit spitzen Steinen und Rollkieseln besäete Gebiete. Bei der außerordentlichen Regenarmut und der großen Wärme der Wüste ist die Vegetation eine ungemein kümmerliche, zumeist auf Dornsträucher beschränkte, ja auf weite Strecken fehlen selbst diese. Die höchsten Hitzegrade (über 50° C)

werden durch den Glutwind Samum (in Aegypten Chamsin)
erzeugt, der den Sandstaub der Wüste wie lockeren Schnee
aufwirbelt. Während der Nacht dagegen tritt durch unge=
hinderte Wärmeausstrahlung oft eine bedeutende Temperatur=
erniedrigung bis auf 0° ein. Vereinzelte tropische Regengüsse
rufen für kurze Zeit einen grünen Grasteppich hervor und
erfüllen die ausgetrockneten Flußbette (Wadis) mit rauschenden
Wassermassen. Bewohnbar ist die Wüste nur in den Oasen,
beckenartigen Vertiefungen, in welchen die Grundwässer zu Tage
treten und eine üppige Vegetation hervorrufen.

Den ödesten Teil der Sahara bildet die aus flachgelagertem
Kreidesandstein aufgebaute Lybische Wüste. Diese ist fast
ganz vegetationslos und ohne bemerkenswerte Höhenunterschiede.
In sie ist die blühende Kufra=Oase eingesenkt. Bevor wir
die den Nil begleitenden lybischen Wüstenplatten er=
reichen, haben wir noch eine Senkung zu überschreiten, in
welcher der ägyptische Oasenzug (Oase Chargeh 68 m,
Dachel 58 m, Farafrah 76 m, Bahrieh 112 m) liegt.

In dem ausgedehnten Gebiet der Sahara (6.2 Mill.
km²) leben nur 2½ Mill. Menschen, so daß erst auf 3 km²
ein Bewohner entfällt. Diese Durchschnittszahl entspricht
jedoch nicht den Verhältnissen des ganzen Gebietes; nahezu
zwei Drittel der Fläche sind vollkommen unbewohnt, und nur
der flüchtige Fuß der reisenden Karawane oder einer nach Beute
ausziehenden Razzia durcheilt sie. In ethnographischer Hinsicht
sind es hauptsächlich zwei große Völker, welche dieses weit=
läufige Gebiet als Herren durchstreifen: Die Tuareg oder
Imoschagh westlich der Karawanenstraße Tripoli=Kuka und die
Tibbu oder Teda im Bergland von Tibesti, an dessen Ost=
abhang die Stadt Bardai liegt.

Von der Oase Bahrieh, dem Nordende des ägyptischen

Oasenzuges, zieht nach Westen zur Großen Syrte eine tiefe
Einsenkung, welche die Lybische Wüste vom Plateau von Barka
(600 m) scheidet und in welche die Oasen Arabsch (— 75 m!),
Siuah (Jupiter Ammon; —32 m) und Aubschila (+40 m)
eingebettet sind. Das Plateau von Barka, das Küstengebiet von
der Großen zur Kleinen Syrte und das dahinterliegende
fruchtbare Oasenland Fessan (mit dem Hauptort Murfuk)
wird von der türkischen Provinz Tripoli eingenommen. Der
gleichnamige Hauptort (32000 Einw.) ist als Ausgangspunkt
der Karawanenstraßen nach dem Sudan ein wichtiger
Handelsplatz.

Die vegetationslose lybische Wüstenplatte, welche
den Nil am linken Ufer begleitet, findet ihr Gegenstück in der
gleich öden, das rechte Nilufer säumenden arabischen Wüstenplatte. Beide fallen steil zu dem schmalen Nilthale ab,
das seine üppige Fruchtbarkeit den jährlichen Ueberschwemmungen
verdankt. Die lybische Wüstenplatte ist 400—500 m hoch
und besteht ganz aus Kreidesandstein. Dagegen ist die arabische
Wüstenplatte vornehmlich aus archaischen Gesteinen aufgebaut.
Einzelne der Steilküste des Roten Meeres entlang laufende,
dem Plateau aufgesetzte Bergketten steigen bis über 2000 m
Höhe an.

Der dem Victoriasee entströmende Nil (vgl. S. 97) betritt
die flachgelagerten Kreideschichten bei Chartum und durchbricht sie,
wie auch die stellenweise von Osten vorgreifenden krystallinischen
Massen, in sechs Katarakten, deren letzter bei Affuan sich be-
findet. Auf dieser Strecke unfertiger Thalbildung nimmt er
den Blauen Nil und die Atbara, beide dem Abessinischen
Hochlande entströmend, auf. Unterhalb der Katarakte wird
dem Strome ein großer Teil seiner Wassermenge durch ein
dichtes Netz von Kanälen entzogen, welche zur Bewässerung

der Felder in der Thalsohle dienen und zum Teil schon aus dem grauen Altertume stammen. Das Mündungsgebiet des Nil ist eine von seinen Anschwemmungsprodukten gebildete Deltalandschaft, in welchem zwei Haupt= und zahlreiche Neben= arme seine Gewässer dem Meere zuführen. Ohne die jähr= lichen Ueberschwemmungen wäre das Nilthal eben solche Wüste wie die Nachbargebiete, da Regen hier eine große Seltenheit ist. Die im Abessinischen Hochland, sowie in den Tropen des inneren Afrika niedergehenden periodischen Regengüsse bedingen ein Steigen des Wasserstandes im ganzen Stromlauf, welches im Juli beginnt und Ende September seinen Höhepunkt er= reicht. In der zweiten Hälfte des Oktober fängt er zu sinken an und sinkt ununterbrochen bis in die zweite Hälfte des Mai. Durch die Schlammsedimente, welche er bei der Ueberflutung absetzt, wird der Kulturboden außerordentlich befruchtet. Reiche Erträgnisse liefern der Getreidebau, die Zuckerrohr= und Baum= wollpflanzungen. Der wichtigste Fruchtbaum ist die Dattel= palme.

Aegypten ist ein türkischer Tributärstaat unter erb= licher Herrschaft eines Khedive (Vizekönigs). Seit 1882 muß sich das Land die englische Occupation gefallen lassen. Die Besitzungen im Sudan sind 1883 gegen den Mahdi ver= loren gegangen. Die Bevölkerung bilden teils mohammedanische Fellachen und christliche Kopten, welche den thätigen Bauern= stand ausmachen, teils Araber. In den Städten wohnen viele Europäer, welche vornehmlich Handel treiben. Dieser hat seit Eröffnung des Suezkanales einen großartigen Aufschwung genommen. Die Hauptstadt von Aegypten ist Kairo (375000 Einw.) an der Wurzel des Deltas und unfern des stolzen, in Schutt gesunkenen Memphis gelegen, eine arabische Stadt= gründung und in seinen zahlreichen Moscheen ein glänzendes

Bild arabischer Baukunst bietend. Kairo gegenüber, bei dem Dorfe Gise, liegen die **Pyramiden**, jene gewaltigen Denk= mäler altägyptischen Wesens und die **Sphinx**. Stromauf= wärts gelangen wir über **Siut** (Assiut 32 000 Einw.), dem Sammelplatz der in die Wüste gehenden Karawanen, nach der bei den Dörfern Lukfor und Karnak gelegenen Trümmer= stätte des alten „hundertthorigen" **Theben**. Im Deltalande ist die wichtigste Stadt **Alexandria** (231 000 Einw.), über welche fast die gesamte Ausfuhr Aegyptens geht. An den Mündungsarmen des Nil liegen **Rosette** (19 000 Einw.) und **Damiette** (44 000 Einw.).

§ 24. Der Sudan.

Südlich der Sahara bis zu der wenig hervortretenden Wasserscheide gegen den Kongo breiten sich die Tropenland= schaften des Sudan (d. h. Land der Schwarzen) aus, dessen Untergrund größtenteils aus Granit besteht, der in zahlreichen Kuppen an die Oberfläche tritt. Der Sudan trägt nur an wenigen Stellen reinen Plateaucharakter, sondern erscheint zumeist durch die Flußerosion in ein Hügel= und Bergland aufgelöst. Der westliche Teil, **Hochsudan** genannt, ist eine reiche **Kultur= und Waldlandschaft** und erreicht seine höchsten Erhebungen (1300 m) nahe der Küste. Von hier aus dacht sich das Land, wie der Lauf der dem Niger zu= strömenden Flüsse andeutet, allmählich nach Norden ab, fällt dagegen ziemlich steil zu den Küstengebieten von Oberguinea und Sierra Leone herab, deren Hauptprodukte Palmöl, Erd= nuß und Elfenbein sind. In dem Berglande von Futa Djalon, welches nichts anderes ist als der von Flüssen durchfurchte westliche Steilrand des sudanischen Plateaus, entspringen die das fruchtbare Tiefland von Senegambien durcheilenden Zwil=

lingsströme Senegal und Gambia und der Niger. Letzterer wendet sich mit einem großen, gegen Norden gerichteten Bogen schließlich südwestlich zum Meerbusen von Guinea. Seine Mündung bildet ein weit verzweigtes Delta, das durch sein Anwachsen in das Meer hinaus die beiden Golfe von Benin und Biafra schuf. Der bedeutendste Nebenfluß des Niger ist der schiffbare Bennë, welcher aus einem 2000 m hohen Bergland kommt und eine wichtige Verkehrsader zum Tsadsee zu werden verspricht. Der Tsadsee (27 000 km², 7 m tief) ist eine seichte Süßwasserlagune, in welche der Schari mündet, und bildet mit den umgebenden Landschaften den tiefsten und flachsten Teil vom Sudan. Oestlich davon trägt der Sudan vollkommenen Steppencharakter und steigt im vulkanischen Gebirgslande von Darfur bis 1800 m an.

Der Sudan ist die Heimat der Sudanneger, welche hellere Hautfarbe als die Kongoneger haben und bereits auf einer ziemlich hohen Kulturstufe stehen. Sie betreiben Ackerbau und mancherlei Industrie und zeigen für den Handel großes Geschick. Ein großer Teil der Sudanneger ist noch dem Heidentume ergeben, die übrigen sind Mohammedaner. Eine große Rolle als Eroberer, Verbreiter des Islam und Staatengründer, spielen die Fulbe oder Fellata. Im östlichen Sudan sind die Araber das herrschende Element. Der innere Sudan ist noch ganz unabhängig. Hier finden sich eine Reihe von Staatswesen, in welchen freilich gräßliche Despotie herrscht. Westlich vom Tsadsee liegen die sogen. Haussastaaten mit den wichtigen Handelsstädten Sokoto (25 000 Einw.), Kano (50 000 Einw.) und Kuka (60 000 Einw.), der Hauptstadt des Bornureiches. Oestlich vom Tsadsee liegt das trefflich organisierte Reich Wadai und das junge, Darfur, Kordofan, Senaar und Nubien bis Wadi Halfa umfassende Mahdi-

Reich, das jedoch den Keim des Zerfalles in sich trägt. Die Hauptstadt ist Omdurman, gegenüber von Chartum.

In den Küstenlandschaften haben sich die Engländer, Franzosen, Deutschen und Portugiesen festgesetzt und von hier aus ihre Interessensphäre ins Innere auszubreiten versucht. Doch ist dies nur den Franzosen und Engländern gelungen. Die Franzosen haben ihren Einfluß von der fruchtbaren Kolonie Senegambien (mit dem Hauptort St. Louis, 20000 Einw.) einerseits in die oberen Nigergebiete bis zu der wichtigen Handelsstadt Timbuktu (15000 Einw.) ausgedehnt, andrerseits über die Mandingogebiete eine Verbindung mit ihren Besitzungen an der Zahnküste hergestellt. Französisch ist auch die Kolonie Benin an der Sklavenküste mit dem dahinterliegenden Reich Dahome.

Große Wichtigkeit wird einst den britischen Nigerdistrikten zukommen, deren Hinterland die Haussastaaten bilden, auf welche die Engländer immer mehr Einfluß zu gewinnen trachten. Britisch sind ferner die Kolonie Lagos, die Goldküste mit dem dahinterliegenden Aschantireich, die Kolonie Sierra Leone mit der Hauptstadt Freetown (20000 Einw.) und die Kolonie Gambia, an der Mündung des gleichnamigen Flusses. Vom französischen und englischen Gebiete umklammert, breitet sich an der Pfefferküste die Negerrepublik Liberia (mit der Hauptstadt Monrovia) aus. Sie wurde in unserem Jahrhundert von einer amerikanischen Missionsgesellschaft als Niederlassung für in Amerika frei gewordene Sklaven begründet. Portugal besitzt ein kleines, von Französisch-Senegambien umschlossenes Gebiet und die vorlagernden Bissagos-Inseln. Die Deutschen haben das kleine Togoland an der Sklavenküste besetzt, dessen Hauptort Klein-Popo ist.

§ 25. Das Kongobecken.

Das ganze tropische Kongobecken ist eine gewaltige Er=
hebungslücke im Aufbau des afrikanischen Kontinentes, besitzt
aber immerhin an 500 m mittlere Erhebung. Es wird rings
von Erhebungswällen umschlossen: im Osten von dem ost=
afrikanischen Seehochland, im Westen von dem westafrikanischen
Hochland, im Norden und Süden von der nord= und süd=
äquatorialen Wasserscheide. Die beiden letzteren treten
an vielen Stellen sehr wenig bemerkenswert im Relief hervor.
Die nordäquatoriale Wasserscheide, welche das Kongosystem
gegen den Schari und Nil scheidet, zieht unter 5—6° Nord=
breite entlang und besitzt 800—1000 m durchschnittliche See=
höhe. Die südäquatoriale Wasserscheide gegen den Sambesi
und Kubango verläuft unter 12° Südbreite ostwestlich und
besitzt durchschnittliche Seehöhen von 1500—2000 m.

Das westafrikanische Hochland ist der erhöhte Rand des Kongo=
beckens, wahrscheinlich ein stehengebliebener Pfeiler, und fällt zu
dem Meere in Stufen ab. Nur an wenigen Stellen trägt
das Hochland noch den ursprünglichen Plateaucharakter; zu=
meist ist es durch Erosion und Denudation in ein wechselvolles
Berg= und Hügelland aufgelöst, das durchschnittlich 1800 m
Meereshöhe zeigt. Nördlich vom Kongo erniedrigt es sich auf
1000 m. Am Golf von Biafra erhebt sich das jungvulkanische
Kamerungebirge bis 4000 m. Dessen Fortsetzung sind die eben=
falls aus vulkanischem Gestein aufgebauten Guineainseln.
Die aus dem inneren Gebiete kommenden Flüsse (Kunene,
Kuanza, Kongo, Ogowe) durchbrechen in ihrem Unterlaufe
das westafrikanische Hochland in einem kataraktenreichen Lauf.
Der Hauptstrom, der Kongo, entspringt auf der südäquatorialen
Wasserscheide aus zwei Quellflüssen, dem östlichen Luapula,

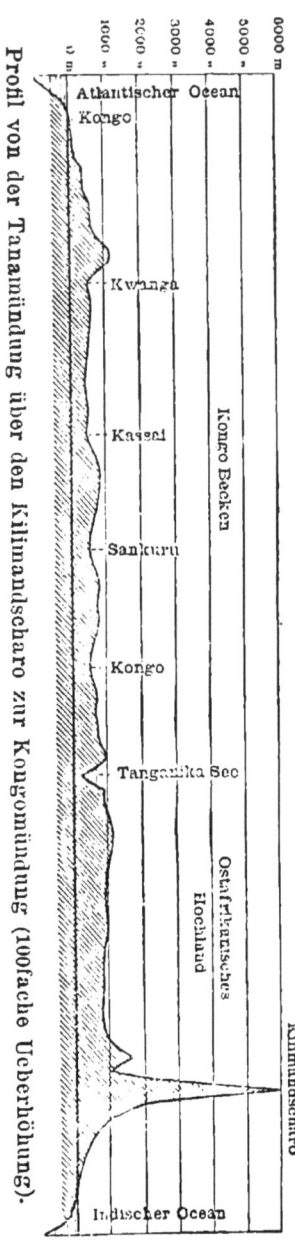

Profil von der Tanamündung über den Kilimandscharo zur Kongomündung (100fache Ueberhöhung).

welcher dem Bangweolo
hierauf den Mwernsee durch
lichen Lualaba. Die verein
nehmen nordnordwestlichen
brechen die von dem ostaf
und von der südäquatorialen
greifenden Terrassen in eine
schnellen, deren letzte die St
Aequator sind. Auch die M
links Lubilasch und der gewal
rechts Aruwimi und Uelle h
laufe ähnliche Stromschnellen
und gewaltig entwickelt sich
Stanleyfällen in der selbstg
ebene des Mittellaufes bi
Pool genannten, seenartiger
seits derselben bahnt er sich
Durchbruchsthal den Weg

Die Kongogebiete werde
bewohnt, welche auf einer
stufe stehen, dem Heidentu
Form anhängen, aber doch f
sind und dort, wo der üppige
gelichtet ist, Ackerbau bet
trägnisse abwirft. Hindern
sind die räuberischen Einfäl
händler aus dem Sudan m
auch die Mühsamkeit des
wärtig sind die Hauptprod
bein, Gummi, Kaffee,
Kopal. Ueberaus gewinn

Anlagen von Baumwoll=, Zucker=, Vanille=, Schokolade= und Chininplantagen gestalten, doch müßten zu diesem Behufe die Neger zur Arbeit erzogen werden; dem Europäer verbietet das Tropenklima jede angestrengte Körperarbeit.

Die Landschaften des mittleren und oberen Kongo und seiner Nebenflüsse bilden den neutralen Kongostaat, dessen Beherrscher der König der Belgier ist. Die Europäer sind in dem weiten Gebiet nur mit etwa 1000 Seelen vertreten, und auch diese wohnen ausschließlich in den kleinen Stationen an dem Kongo. Von einer wirklichen Herrschaft über die Negerbevölkerung kann noch nicht die Rede sein. Der Sitz der Regierung ist Boma; unfern davon liegt Banana, der Seehafen des ganzen Flußgebietes.

Die Landschaften an der Niederguinea genannten Küste sind von europäischen Mächten besetzt, und zwar vom Deutschen Reiche, von Frankreich und Portugal. Deutschland besitzt die Kolonie Kamerun, welche nominell bis zum Tsadsee reicht und das Fulbereich Adamaua umfaßt. Als Plantagenkolonie verspricht Kamerun durch die Fülle seiner Bodenprodukte für die Zukunft reichen Gewinn. Dagegen eignet es sich für europäische Ansiedlung wegen seines Fieberklimas nicht. Gleiches gilt vom Französisch=Kongo und von der portugiesischen Kolonie Angola, deren Hauptort Loanda (20000 Einw.) bedeutenden Handel mit Landesprodukten treibt.

§ 26. Das ostafrikanische Seenhochland

ist der höchste Teil des Kontinentes; es reicht vom Sambesi über die oberen Nillandschaften und umfaßt auch das abessinische Hochland. Das ostafrikanische Seenhochland ist zumeist eine öde, eintönige, von Steppen eingenommene Hochfläche, in welche nur die Flußthäler einige Abwechslung bringen. Stellenweise sind demselben Züge von Tafelbergen und einzelne höhere, meist vulkanische Gipfel ausgesetzt. Am höchsten steigen die erloschenen Vulkane Kenia (5600 m) und der doppel= gipflige Kilimandscharo (6000 m) an. Der östliche Ab= fall zur Küste ist durch Flüsse zersägt und zerschnitten und in eine wechselvolle Gebirgslandschaft umgebildet worden. Einen gemeinsamen Charakterzug des ostafrikanischen Hochlandes bilden die zahlreichen in dasselbe eingebetteten Seen, sowie die Salz= sümpfe, welche Reste einer einstigen umfangreicheren Wasser= bedeckung sind. Diese Wasserbecken sind durchaus tektonischen Ursprungs; sie liegen in großen Grabenbrüchen, welche eine Fortsetzung des Bruchgebietes des Roten Meeres sind. In solchen Gräben liegen der Stefanie= (1000 km²) und Rudolf= see (10240 km²) ferner der Albert= (3910 km²), Albert= Edward= (4480 km²) Tanganika= (35130 km²) und Njassasee (26450 km²). Auch der größte der ostafrikani= schen Seen, der Viktoria = Njansa (68480 km²), ist wohl tektonischer Entstehung. Er ist der Quellsee des Nil, welch' letzterer auch den Abfluß des Albert und Albert=Edwardsees empfängt, hierauf eine sumpfige Waldlandschaft betritt, den Bahr= el=Ghasal aufnimmt und schließlich die nubische Wüste betritt.

Das ostafrikanische Seenhochland wird von Bantunegern bewohnt, welche neben Viehzucht (Rinder, Schafe) auch Acker= bau (Reis, Melonenarten, Hülsenfrüchte) betreiben. Selbst der Plantagenbau (Tabak, Gewürznelken, Baumwolle, Zuckerrohr) ist schon seit langer Zeit von den Arabern eingeführt worden. Die Neger des Küstengebietes werden nach ihrem gemeinsamen Dialekt, dem Kisuaheli, die Suaheli genannt. Ziemlich häufig sind auch die Araber, welche vor Jahrhunderten einwanderten und bis über die Seen vorgedrungen sind. In

ihren Händen lag einst
der jetzt größtenteils
unterdrückte Sklaven=
handel. An der Küste
wohnen zahlreiche in=
dische Kaufleute,
welche als Händler
und Geldausleiher auf
Kosten der übrigen
Bevölkerung zu großer
Wohlhabenheit ge=
langt sind. Zu den ein=
gewanderten Kriegs=
und Nomadenvölkern
gehören die Massai,
welche zwischen Kili=
mandscharo und Vik=
toria Njansa hausen,
ausgesprochene Vieh=
züchter, aber auch ge=
fürchtete Räuber und
Mordbrenner sind.
Sie sind vorwiegend
hamitischen Blutes.
Dagegen sind die im
Süden eingedrunge=
nen Raubvölker der
Mafiti und Wa=
hehe Verwandte der
Kaffern.

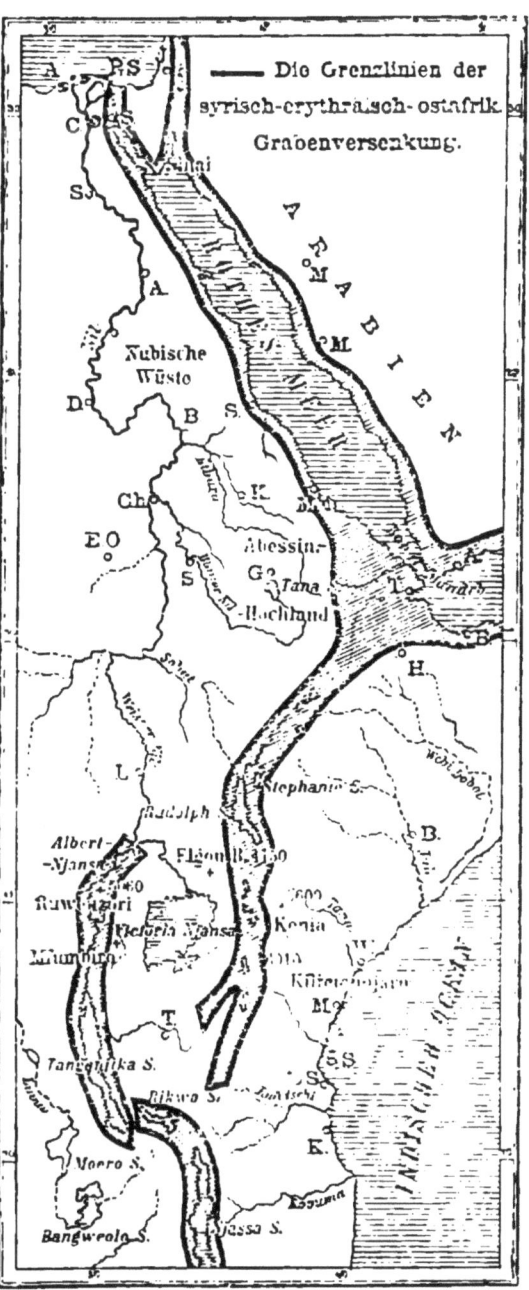

Das ostafrikanische Seenhochland wird von dem Nord=
abschnitt von Portugiesisch=Ostafrika, dann von Deutsch=
und Britisch=Ostafrika eingenommen. Deutsch-Ostafrika, die größte
und wichtigste deutsche Kolonie, dürfte gleichwohl auch nur als
Pflanzungs= und Handelskolonie einer Zukunft entgegen gehen,
da der europäischen Ansiedlung das böse Klima entgegensteht.
Namentlich gilt dies von den feuchtheißen, fieberhauchenden
Küstenlandschaften. Besser scheinen die Gesundheitsverhältnisse
auf den höheren Stufen des Innern zu sein; auf den Ab=
hängen des Kilimandscharo soll den Europäern sogar eine
dauernde Besiedlung möglich sein. Die Trägerkarawanen,
derzeit noch das einzige Mittel der Warenbeförderung, gehen
zumeist von Dar=es=Salâm (10 000 Einw.) aus und
wandern über Tabora nach dem Tanganikasee.

Britisch-Ostafrika hat besonderen Wert gewonnen durch die
Erwerbung der herden= und wildreichen Gebiete am Nordufer
des Victoria=Njansa (Uganda und Unjoro). An der Küste
liegt Mombas (10 000 Einw.). Außerdem wurde die britische
Schutzherrschaft über das Sultanat Sansibar ausgedehnt,
welches nur mehr die Inseln Pemba und Sansibar umfaßt.
Die Stadt Sansibar (150 000 Einw.) ist der unbestritten
wichtigste Handelsplatz des ganzen tropischen Ostafrika.

Abessinien, auch Aethiopien oder Habesch, bildet ein
aus jungvulkanischen Gesteinen aufgebautes Hochland von
durchschnittlich 1800 m Meereshöhe; doch steigen darüber
einzelne Gipfel bis über 4000 m an, am höchsten der Ras
Daschan (4620 m). Während der Ostrand steil und mauer=
artig aus dem flachen, heißen Küstenland sich erhebt, fällt
der Westrand in zwei= und dreifacher Abstufung, in der untersten
Stufe sich allmählich verflachend, zum Flachland von Senaar
ab. In 1750 m Meereshöhe ist dem Hochland der Tanasee

(2980 km²) eingebettet, dem der Abai (Blauer Nil) ent=
strömt. Am Westufer des Sees entspringt die Atbara. Südlich
geht das abessinische Hochland in die öden Hochflächen des
Somalilandes über, das sich, wie der Lauf der Flüsse
Jub und Webi andeutet, allmählich gegen Südosten zu einer
breiten Küstenebene verflacht.

Abessinien ist ein selbständiger Staat unter absoluter
Regierung eines Negus. Das Bestreben der Italiener, von
dem heißen Küstenstreifen am Roten Meere (Erythrea mit
dem Hauptort Massaua, 16 000 Einw.) aus ihre Herrschaft
über Abessinien auszudehnen, ist gescheitert. Die Abessinier
sind ein semitisches Volk, das sich seit dem 4. Jahrhundert
unserer Zeitrechnung zu einem monophysitischen Christentum
bekennt. Sie betreiben Ackerbau und Viehzucht, im übrigen
ist ihre Kultur eine sehr niedere. Der Negus hat seinen
Sitz von der alten Residenzstadt Gondar nach Addis Abbeba
verlegt. Das Somaliland wird von hamitischen und moham=
medanischen Galla und Somali nomadisch durchstrichen.
Ueber den größten Teil beansprucht Italien die Herrschaft.
Am Golf von Aden haben die Briten (Britisch=Somaliland)
und die Franzosen (Obock) sich niedergelassen.

§ 27. Das südafrikanische Tafelland

nimmt etwa ⅕ der Fläche des ganzen Kontinentes ein. Es
breitet sich südlich der südäquatorialen Wasserscheide aus und
ist eine Hochebene von durchschnittlich 1200 m Meereshöhe,
deren südliche, westliche und östliche Randlandschaften steil
aufgerichtet sind und in Terrassen sich zur Küste abstufen.
Am schärfsten ausgeprägt ist der Südrand des Hochlandes,
der mit dem Mont aux Sources bis 3400 m ansteigt. Auf
der zweiten Terrasse breitet sich die öde, sonnverbrannte Karoo=

Ebene aus. Die westlichen Randlandschaften erreichen im Omataka-Berg 2700 m. Am niedersten und am wenigsten geschlossen sind die östlichen Randwälle.

Die innere Hochlandschaft ist wenig gewellt. Ihr Süd= abschnitt wird durch den Oranje und Limpopo entwässert. Zu beiden Seiten des Wendekreises des Steinbocks breitet sich die Kalahari=Wüste aus, welche nur zur nassen Jahreszeit auf weite Strecken hin mit einem üppigen Grasteppich bedeckt ist. Sie senkt sich allmählich nach Norden und erreicht ihre tiefste Stelle in dem Becken, in welches der Ngamisee (900 m hoch) eingebettet ist. Dieser empfängt einen wasserreichen Zufluß, den Kubango, im Unterlauf Tioge genannt. Da der Ngamisee die erhaltene Wassermasse nicht rasch genug zur Verdunstung bringen kann, besitzt er im Botletle einen Abfluß, der ein weites Salzpfannengebiet speist, auf welchem das Wasser zur Trockenzeit nahezu vollständig verdunstet. Der Sambesi, der größte Strom des südafrikanischen Tafellandes, entspringt auf der südäquatorialen Wasserscheide und bahnt sich in einem an Wasserfällen (Victoriafälle) und Katarakten reichen Laufe durch die östlichen Randlandschaften den Weg zum Indischen Ozean.

Die Osthälfte des südafrikanischen Hochlandes wird von den den Bantuvölkern angehörigen Kaffern bewohnt. Diese sind teils nomadische Viehzüchter, teils seßhafte Ackerbauer. Einige Stämme haben sich sogar zu einer staatlichen Gemein= schaft zusammengeschlossen. Die Kaffern sind selbstbewußter als die übrigen Neger, mit regem Rechts= und Freiheitsgefühl ausgestattet. Sie kennen weder die Sklaverei noch die despotische Vergewaltigung, die so schwer auf den Negerreichen des Sudan lastet. Der größte Teil der Westhälfte des süd= afrikanischen Hochlandes ist der Siedlungsbezirk der Hotten= totten und Buschmänner, welche die südafrikanische Rasse bilden.

Am tiefsten stehen die Buschmänner; sie sind ein nach Beute umherschweifendes Jägervolk. Die Hottentotten dagegen sind nomadische Viehzüchter. Sie wurden durch die weißen Ansiedler aus ihren fruchtbaren Landstrichen im Süden in die wüsten nördlichen Gebiete zurückgedrängt. Die Holländer kamen bereits zu Anfang des 17. Jahrhunderts in das Land. Im 19. Jahrhundert sind sie allmählich vor den Engländern bis über den Oranje zurückgewichen und haben die beiden Boern=Republiken gegründet, den Oranje-Freistaat und die Süd=afrikanische Republik (früher Transvaal genannt). Das herr=schende Volk sind die Nachkommen der eingewanderten hol=ländischen Bauern, welche, in der einen Hand die Bibel, in der anderen das Schwert, diese Gebiete erwarben. Der Oranje=Freistaat (zwischen Oranje und Baal) treibt fast aus=schließlich Viehzucht. Der Hauptort ist Bloemfontein (6000 Einw.). Die Südafrikanische Republik (zwischen Baal und Limpopo) ist sehr fruchtbar, weshalb neben Viehzucht auch reger Ackerbau betrieben wird. Reich ist das Land an Mineralschätzen, vor allem an Gold. Der Regierungssitz Pretoria (5000 Einw.) ist in neuerer Zeit weit überflügelt worden durch das am goldreichen Witwaters=Rand gelegene Johannesburg (40000 Einw.).

Der gegenwärtige Besitzstand der Briten in Südafrika besteht aus der Kapkolonie, Natal und den Sambesigebieten. Die Kapkolonie hat gesundes, trockenes Klima und ist sehr fruchtbar (Getreide, Wein). Ausgedehnt wird Viehzucht, namentlich Schafzucht betrieben. Von den reichen und mannig=faltigen Mineralschätzen, welche das Land bietet, heben wir die Diamanten (Kimberley) hervor. Der Hauptort ist das am Fuße des Tafelberges gelegene Kapstadt (84000 Einw.), über welches der ganze Handel der Kolonie geht. Natal, ein sehr fruchtbares Bergland, erzeugt nicht nur Zuckerrohr und Kaffee, sondern auch Bananen, Ananas und andere tropische Früchte. Der Hafen= und Hauptort ist Durban (oder Port Natal 26000 Einw.).

Mit zäher Energie hat es England verstanden, innerhalb weniger Jahre ein großes südafrikanisches Reich vom Kapland aus ins Leben zu rufen, das sich keilförmig zwischen die portu= giesischen Besitzungen an der Ostküste und die deutschen an der Westküste einschiebt und nördlich bis zum Njassa= und Tanganikasee ausbreitet.

Die östliche Küstenlandschaft von der Delagoabai bis zur Rovuma bildet den gegenwärtig noch bedeutungslosen portu= giesischen Freistaat von Ostafrika (ehedem Kolonie Mozam= bique)mit den Hafenstädtchen Mozambique (7000 Einw.) und Lorenzo Marquez.

Das westliche Küstengebiet vom Oranje bis zum Kunene, mit Ausschluß der englischen Walfisch Bai, bildet samt dem Hinterlande die Kolonie Deutsch=Südwest=Afrika. Neben Hottentotten im Süden besteht die Bevölkerung aus Bantu= völkern, von welchen die Herero am höchsten stehen. Die Bodenbeschaffenheit gestattet nur an wenigen Oertlichkeiten Ackerbau. Um so ausgedehnter wird die Rindviehzucht betrieben. Die inneren Hochlandsterrassen haben trockenes, ge= sundes, auch dem Europäer zuträgliches Klima. Hier liegt der Regierungssitz Windhoek. Der Hafenort der Ko= lonie ist Angra=Pequena.

§ 28. Die afrikanischen Inseln.

Die größte afrikanische Insel, Madagaskar (592000 km²), die drittgrößte Insel der Erde, wird von einem durchschnittlich 1000 m hohen Tafellande eingenommen, das steil gegen Osten und sanft gegen die westliche Küstenebene abfällt. Ueber das Plateau erheben sich einzelne Tafelberge und Vulkane bis 2600 m. Madagaskar hat echtes Tropenklima und dement= sprechend eine überaus üppige Vegetation, welche sich jedoch mehr an die hinterindische Inselwelt als an die Afrikas anlehnt. Auch in seiner Fauna zeigt sich die Insel durch das Auftreten von Halbaffen, das Fehlen der großen Raubtiere, Dickhäuter und echter Affen der Fauna des Festlandes entfremdet. Der Osten der Insel wird von den malayischen H o v a s bewohnt, welche das herr= schende Volk sind und die im Westen siedelnden B a n t u n e g e r (Sakalaven) im ostindischen Archipel unterworfen haben. Im Gegensatz zu ihren Stammesbrüdern im ostindischen Archipel haben die Hovas auf dem Meere nie eine Rolle gespielt. Madagas= kar bildet ein von einer Königin beherrschtes Reich, das unter f r a n z ö s i s c h e r   S c h u t z h e r r s c h a f t steht. Die Hauptstadt ist A n t a n a n a r i v o (150 000 Einw.). Das französische Protektorat wurde auch auf die benachbarten vulkanischen K o m o r e n (1972 km²) ausgedehnt. Die nordöstlich von Madagaskar liegenden A m i r a n t e n (83 km²) und S e y = c h e l l e n (264 km²) sind b r i t i s c h e r   B e s i t z. Von außer= ordentlicher Fruchtbarkeit (Zuckerrohr) sind die vulkanischen M a s k a r e n e n, welche im Piton des Neiges auf Bourbon bis 3150 m Meereshöhe ansteigen. Den E n g l ä n d e r n gehören das dichtbevölkerte M a u r i t i u s mit dem Hauptort Port Louis (60 000 Einw.) und Rodriguez, den F r a n z o s e n die Insel B o u r b o n mit dem Hauptorte S t.   D e n i s (36 000 Einw.). Englisch ist auch die dem Osthorn Afrikas vorlagernde öde Insel S o k o t r a.

Im Atlantischen Ozean besitzen die Engländer die ein= samen, aber als Ruhepunkte für den Schiffahrtsverkehr wich= tigen Felseneilande T r i s t a n   d a   C u n h a, St. H e l e n a und

Ascension. Von den Guineainseln sind Fernando Po
und Annobom spanisch, S. Thomé und Principe portu-
giesisch. Sämtliche Inseln sind von Negern bewohnt und
üppig fruchtbar.

Die vulkanischen Kap Verde'schen Inseln sind trotz
großer Fruchtbarkeit unter der portugiesischen Herrschaft kulturell zurückgegangen. Das gleichfalls portugiesische Madeira
wird wegen seines Klimas von Brustkranken aufgesucht; ebenso
die vulkanischen Kanarien, welche mit dem Pico de Teyde
oder Pik von Teneriffa (3720 m) kulminieren.

Amerika.

§ 29. Gliederung und Aufbau.

Die Westfeste Amerika, die „neue Welt", umfaßt ohne
die Polargebiete ein Areal von 38.3 Millionen km². Im
Gegensatz zur Ostfeste, der „alten Welt", welche vorwiegend
westöstliche Ausdehnung hat, erstreckt sich Amerika in meri=
dionaler Richtung. Sein nördlichster Punkt, die Nordspitze
der Halbinsel Boothia Felix, liegt in 71³/₄° Nordbreite; die
Südspitze des Erdteiles, das Kap Froward in der Magelhaes=
straße, in 53° 54' Südbreite. Amerika hat eine isolierte
Lage: Im Osten trennt es die tiefe Rinne des Atlantischen
Ozeans von Europa und Afrika, im Westen das weite Ein=
bruchsgebiet des Pacifischen Ozeans von Asien und Australien.
Nur im äußersten Nordwesten nähert es sich Asien in der
Beringsstraße bis auf 92 km. Die ehedem bestandene Land=
verbindung über Grönland nach Island (und vielleicht Europa)
wurde in der Tertiärzeit zertrümmert und in Inseln aufgelöst.

Amerika ist ein Doppelkontinent, aus zwei selbständigen
Erdteilen, Nord= und Südamerika, bestehend. Beide Erdteile
sind, ähnlich wie Europa von Afrika und Asien von Australien,
durch ein Bruchgebiet und ein dasselbe teilweise einneh=
mendes Mittelmeer, die bis 4700 m absinkende mexikanisch=
caribische See, getrennt. Das Bruchgebiet, welches man unter
dem Namen Mittelamerika zusammenfassen kann, besteht
aus den westindischen Inseln und dem vom Isthmus

von Panama bis zum Isthmus von Tehuantepec reichenden
kontinentalen Mittelstück. Die Zusammenschweißung von Nord=
und Südamerika durch dieses Mittelstück ist ein neueres Er=
eignis: es wurde durch das Emportauchen trachytisch=doleri=
tischer und basaltischer Gesteine die ehedem hier bestandene
Verbindung zwischen dem Atlantischen und dem Pacifischen
Ozean unterbunden.

Nord= und Südamerika haben ähnliche Gestalt. Beide
sind im Norden breit und verschmälern sich nach Süden. Sie
haben die Form rechtwickeliger Dreiecke, deren Hypotenuse gegen
den Pacifischen Ozean gekehrt ist, während die beiden Katheten
sich je nach Süd= und Nordosten wenden. Während aber
Nordamerika reiche Gliederung besitzt, entbehrt Südamerika
derselben fast völlig, es gleicht in dieser Beziehung den beiden
anderen ungegliederten Südkontinenten, Afrika und Australien.
Halbinseln fehlen, und auch der Inseln sind nur wenige und
von diesen sitzen bloß die Feuerlands= und Falklandsinseln
auf einer submarinen Fortsetzung der Kontinentaltafel auf und
kennzeichnen sich dadurch als festländische Glieder. In Nord=
amerika teilt die bevorzugte Ostseite die Mannigfaltigkeit der
Küstenformation mit Europa, denn sie hat vier große Halb=
inseln: Labrador (1.4 Mill. km²), Neuschottland (44 000 km²),
Florida (98 000 km²) und Yucatan (169 000 km²) und eine
Anzahl vorgelagerter Inseln; sie besitzt ferner tiefeinschneidende
Buchten und weite Flußmündungen, welche im Verein mit
vorherrschend günstigen Winden und Meeresströmungen den
Verkehr mit Europa erleichtern. An der Westküste wird durch
den schmalen Golf von Californien die langgestreckte Halb=
insel Californien (131 000 km²) vom Festlande geschieden.
Unter 48° nördlicher Breite beginnt durch Fjord= und Insel=
bildung eine besonders reiche Gliederung der Küste. Unter

60° nördlicher Breite biegt die Küste nach Westen um und streckt die schmale Halbinsel Alaska (6400 km²) südwestwärts. Von ihr aus bilden die Aleuten eine Inselbrücke nach Asien.

Den Westen des Doppelkontinents nimmt ein junges Faltengebirge, das Cordillerensystem, ein, in welchem zahlreiche thätige und erloschene Vulkane auftreten. Dasselbe ist mit dem jungen Faltengebirge, welches wir längs dem Ostsaume Asiens verfolgt haben, durch die vulkanische Inselreihe der Aleuten verknüpft. Dagegen findet sich auf dem Mittelstück zwischen dem Isthmus von Panama und Tehuantepec keine Spur des Faltengebirges, und auch die zertrümmerten Horste der westindischen Inseln (245 400 km²) zeigen einen durchaus abweichend gebauten Gebirgszug. Nur die an der Küste von Venezuela hinziehenden Inseln verraten ihre Abstammung vom Festlande.

Den Osten der beiden Erdteile erfüllen uralte, vorwiegend aus archäisch-paläozoischen Gesteinen aufgebaute Schollen, welche im Gegensatz zu dem hochstrebenden jungen Faltungsland im Westen durch die seit Jahrmillionen wirkenden Kräfte der Abtragung in niedere Berglandschaften umgewandelt wurden. Während aber in Nordamerika das Alleghany-Gebirge in paläozoischer Zeit eine Hauptfaltung und auch späterhin kleinere tektonische Störungen erlitten hat, sind in Südamerika auf den alten Massen von Guayana und Brasilien bereits die Silurablagerungen und selbstverständlich auch alle späteren Sedimente, (namentlich auch die der Kreide), vollkommen flach gelagert.

Zwischen dem jungen Gebirge im Westen und dem alten im Osten breiten sich weite Tieflandschaften aus, deren Untergrund flach gelagerte alte Gesteine bilden, die aber zumeist von jüngeren und namentlich in Südamerika von jüngsten

Gebilden überdeckt sind. Diese Tieflandschaften bewirken, daß
die mittlere Höhe der beiden Kontinente nicht so groß ist, als

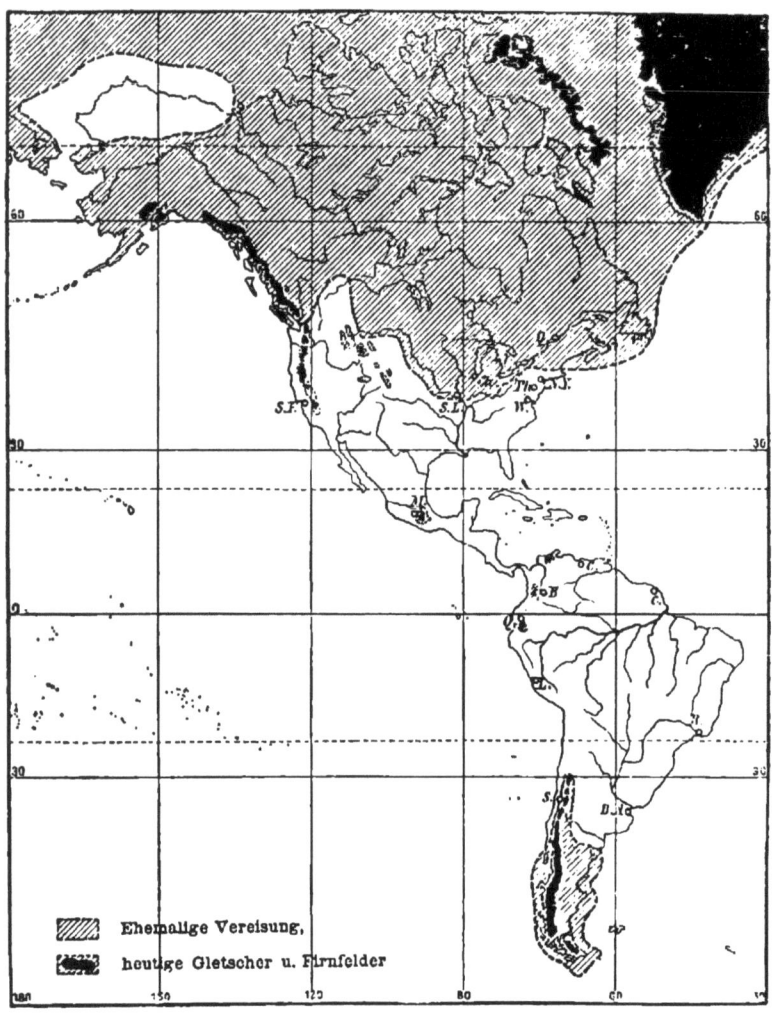

Die Vereisung Amerika's während der Eiszeit.

man nach dem hohen westlichen Gebirgsland erwarten würde;
sie beträgt für Nord= und Südamerika je 650 m.

Wie das nördliche und östliche Europa hat auch Nord=
amerika durch eine ungeheure, von den Hudsonbai=Ländern bis
40° nördlicher Breite vorgreifende Bergletscherung eine
charakteristische Reliefgestaltung gewonnen. Ebenso ist Süd=
amerika von der Südspitze bis zum etwa 30.° südlicher Breite
mit einem zusammenhängenden Eismantel bedeckt gewesen. Auch
die heutigen Gletscher des westlichen Randgebirges hatten in
der Eiszeit viel mächtigere Entfaltung. Zweifellos verdankt
ein großer Teil der zahlreichen Seen Amerikas ihre Ent=
stehung der ausschürfenden und abdämmenden Thätigkeit der
eiszeitlichen Gletscher. Doch muß betont werden, daß die
großen canadischen Seen ihre Entstehung tektonischen Pro=
zessen (Faltung und Verwerfung) verdanken. Andrerseits sind
die Seen der Hochlandschaften des Cordillerensystems von
salzigem Wasser erfüllte Flachbecken und somit die einschrumpfen=
den Reste von ehedem ausgedehnteren Wasserflächen.

Amerika ist somit muldenförmig gebaut. Die zen=
tralen Teile bestehen aus ungeheuren Ebenen, die meist nur
durch schwache Bodenschwellen von einander getrennt sind. Vom
Ufer des nördlichen Eismeeres kann man bis zum Mexicanischen
Golf, vom Orinoco bis nach Patagonien fast in gerader Linie
nordsüdlich wandern, ohne ein Gebirge überschreiten zu müssen.
Diese Ausbreitung des Tieflandes hat die Entwicklung von
Riesenströmen (Amazonas, Missisippi, La Plata u. a.)
begünstigt, welche als bequeme Verkehrsadern bis in das Herz
der Kontinente führen.

§ 30. Klima, Flora, Fauna, Bevölkerung.

Amerika erstreckt sich von der nördlich kalten bis in die
südlich gemäßigten Zone und zeigt infolge dieser Ausdehnung
über vier Klimazonen große klimatische Gegensätze, welche aber

infolge des Mangels westöstlich streichender Ge=
birgsketten allmählich ineinander übergehen. Durch das
Fehlen solcher Gebirgsketten ist aber auch den polaren Winden
eine offene Gasse bis fast in die Tropengebiete gegeben: sie
rufen im Mississippithal die eisigen Wintertemperaturen hervor
und werden in Südamerika bis in das Quellgebiet des Para=
guay verspürt. Andrerseits wieder weht im Sommer durch
diese Lücken die heiße Tropenluft weit nach Norden und Süden.
Doch ist Nordamerika weit kühler als Südamerika; denn
ersteres kehrt seine zugespitzte, schmälere Südseite der Tropen=
zone und seine nördliche Breitseite der Polarregion zu, während
Südamerika seine größte Breitenentwicklung gerade in der
Tropenzone erreicht und sich von hier aus nach Süden ver=
schmälert. Da die östlichen Gebirgslandschaften nur mäßige
Höhe besitzen, so können die vorherrschend feuchten Ostwinde
(Passate) dieselben ohne erheblichen Feuchtigkeitsverlust über=
schreiten, um erst an der Ostseite der Cordilleren zu massen=
haften Niederschlägen genötigt zu werden. Daher die gewal=
tigen Ströme, welche auf den östlichen Abhängen der Cordilleren
entspringen; daher auch die außerordentlich kräftige, üppige
Vegetation in der Tropenzone, wie in den gemäßigten Gürteln.
An der Ostseite der Cordilleren giebt es nirgends pflanzen=
leere Räume; die weiten Grassteppen (Prärien oder
Savannen in Nordamerika, Llanos am Orinoco, Pampas
südlich vom La Plata) sind vorwiegend durch die lange, dem
Baumwuchs feindliche Trockenheit, welche der Regenzeit folgt,
zu erklären. Im Flußgebiet des Amazonas, wo es mit ge=
ringen Unterbrechungen das ganze Jahr hindurch regnet, dehnt
sich ein ungeheueres tropisches Urwaldgebiet (Selvas) aus.

    Einer besonderen klimatischen Begünstigung durch mildes
ozeanisches Klima und reichliche Niederschlagsmengen erfreut

sich die nordamerikanische Westküste. Dagegen sind die inneren Hochlandschaften infolge ihrer Regenarmut stellenweise vollkommene Wüste, da die Feuchtigkeit der westlichen und östlichen Luftströmungen sich an den Rändern niederschlägt. Die südamerikanische Westküste liegt größtenteils im Windschatten und wird überdies von einer kalten Meeresströmung begleitet, welche die Seeluft thauartig entfeuchtet und abkühlt. Daher ist der Küstenstrich überaus regenarm, vielfach sogar Wüste (Atacama). Vom 35.° an nach Süden erhält jedoch die Küste durch äquatoriale Winde aus NW. reichliche Niederschläge.

Auch in seinem Vegetationsbilde zeigt Amerika große Verschiedenheiten. Mit seinem äußersten Norden ragt es in das Gebiet der Moossteppen, Tundren, hinein. Daran schließen sich Wälder von völlig europäischem und nordasiatischem Typus. Auf einen Nadelholzgürtel folgt in Canada und in den nördlichen Unionsstaaten eine Zone sommergrüner und in den Südstaaten immergrüner Laubhölzer. Der Ackerbau hat große Strecken Waldlandes ausgerodet. Die Kultur der Cerealien dringt weit nach Norden vor. Gerste liefert noch unter 65° nördl. Breite gute Ernten; Mais wird noch in Canada gebaut. Aus einheimischen Reben wird durch Veredlung ein guter Wein gewonnen. In den südlichen Teilen der Union herrscht die Kultur von Baumwolle, Zucker, Tabak und Reis vor. Das glückliche Klima der californischen Westküste (bis 45° nördlicher Breite) hat die Entwicklung einer üppigen und mannigfaltigen Vegetation begünstigt. Hier ist der Verbreitungsbezirk der Wellingtonia (Mammutbaum), des größten Baumes, der bis 150 m Höhe erreichen kann.

Die höchste Üppigkeit erreicht die Vegetation in den Tropen. Hier ist das Verbreitungsgebiet des palmenreichen, dichtverschlungenen Tropenwaldes. Von Kulturpflanzen sind die wichtigsten: Mais, Zuckerrohr, Kaffee, Baumwolle, Tabak, Cacao, ferner Indigo, Vanille, Ingwer. In der westlichen Andenkette Perus und Chiles ist die Kartoffel= pflanze daheim. Von den kostbaren Holzarten nennen wir Ceder und Mahagoni.

Die chilenischen Anden werden bereits von dem Laub= und Nadelwald gemäßigter Zonen eingenommen. In Pata= gonien sind zusammenhängende Buschwälder immergrüner Zwergbuchen vorherrschend. Erst am äußersten Süden be= ginnt eine Torfmoorvegetation, deren Charakter an die ark= tischen Gegenden erinnert. Auffallend ist der geringe Bestand der Nutzpflanzen, welche der neuen Welt eigen gewesen sind: Mais, Kartoffeln, Tabak, Cacao, Batate, Vanille und spanischer Pfeffer. Von diesen Pflanzen haben Mais, Kar= toffeln und Tabak in der alten Welt Pflege gefunden. Da= für hat diese der neuen Welt alle Cerealien und Hülsen= früchte, eine Menge von Obstsorten, die Gespinstpflanzen, narkotische Genußmittel (Thee, Kaffee, Mohn), Gewürze (Pfeffer, Ingwer, Zimmt, Gewürznelken, Zuckerrohr u. a.) gegeben.

In der Fauna zeigt sich Nordamerika mit Nordasien und Europa verwandt, wohl eine Folge der ehemaligen Landver= bindung mit diesen beiden Kontinenten. Die vorzüglichsten Jagdtiere sind Bären, Hirsche, Büffel, Hasel= und Rebhühner. Der Büffel (Bison) durchstreifte einst in großen Herden die Prärien und war gewissermaßen das Haustier der noma= disierenden Indianer. Jetzt sind die Büffel durch schonungs= lose Ausrottung von Seiten der Weißen schon sehr selten geworden.

Südamerika hat als uralter isolierter Kontinent nach Australien die altertümlichste Fauna aller Erdteile. Sie ist

charakterisiert durch ihren Reichtum an buntschillernden Vögeln
und Insekten, an Amphibien und Reptilien. Dagegen fehlen
die riesenhaften Dickhäuter und die großen Katzenarten Asiens
und Afrikas. Für Nashorn, Elefant, Flußpferd, Löwe und
Tiger sind Tapir, Kuguar (oder Puma) und Jaguar ein unan-
sehnlicher Ersatz. Besonders eigentümlich sind dem Kontinente
Faultiere, Ameisenfresser, große Fledermäuse und langschwänzige
Affen. An einheimischen Haustieren besitzt Südamerika nur
das Lama und Vicuña. Mit den Europäern haben aber auch
alle unsere Haustiere in ganz Amerika Verbreitung gefunden.
Namentlich blüht, durch die weiten Grassteppen beider Kontinente gefördert, die Pferde= und Rindviehzucht.

Im Verhältnisse zu anderen Kontinenten (Australien
ausgenommen) zeigt Amerika ein fast dürftiges ethnogra-
phisches Bild, indem die autochthonen Völkerschaften
nur einer Rasse, der amerikanischen, angehören.
Es sind dies die Indianer, Indios der Spanier und Portugiesen, unsere Rothäute. Von Canada bis Feuerland, vom
Atlantischen bis zum Pacifischen Ozean lassen sich neben
mancherlei Verschiedenheiten doch große gemeinsame physische
und intellektuelle Züge erkennen, welche die Einheit der gesamten amerikanischen Völkerrasse darthun. Gewisse physische
Aehnlichkeiten (z. B. die straffe Beschaffenheit des meist glatten,
schwarzen Haares) mit den Mongolen, sowie eine Fülle von
Erfindungen, Gebräuchen, Mythen, welche die Eingeborenen
Amerikas mit den nordasiatischen Völkern teilen, hat der Ansicht Glauben verschafft, daß beide Völkergruppen einer einzigen
Rasse (der „mongolenähnlichen Völker") angehören und daß
sich die amerikanische Urbevölkerung erst durch Wanderung aus
Asien über die schmale Beringsstraße in ihrem neuen Wohn-

fitz ausgebreitet und zu einem mehr selbständigen Zweige jener
großen Raffe ausgebildet habe.

Die Indianer waren und sind größtenteils noch jetzt rohe
Jäger= und Fischervölker. Sie haben nicht einmal die
Kulturstufe des nomadischen Hirtenlebens erreicht, da ihnen
Haustiere fehlten. Nur auf kargen, wildarmen Hochlandschaften
haben sie sich bereits in alter Zeit dem Ackerbau zuge=
wendet und sind hier (Incas auf den Anden, Azteken in
Mexico) zu einer hohen Kultur gelangt, die um so bewunderungs=
würdiger ist, als sie ohne fremden Einfluß gewonnen wurde.
Zu Anfang des 16. Jahrhunderts haben die Spanier mit roher
Hand diese geordneten Staatswesen zertrümmert. Die heutigen
Nachkommen der damaligen Kulturvölker leben, soweit sie sich
nicht mit ihren Besiegern vermischt haben, auf einer viel
niedrigeren Kulturstufe als vor 5 Jahrhunderten. Durch die
Einwanderung der Europäer und die von diesen bewerkstelligte
Einführung von Negern sind die Indianer teils zurückgedrängt,
teils zur Vermischung gezwungen worden, so daß die Zahl der
reinen, unvermischten Indianer nicht viel über eine Million
betragen dürfte. Auf den Antillen sind sie ganz ausgerottet,
in Nordamerika, wo sie auf ihnen zugewiesenen „Reservationen"
leben, dürfte ihr vollständiges Erlöschen in nicht zu ferner
Zeit erfolgen.

Von den Europäern haben die Romanen (Spanier
und Portugiesen) ganz Süd=, Mittelamerika und Mexico be=
setzt und hier die katholische Kirche zur Herrschaft gebracht,
während Nordamerika von den Germanen (vorwiegend
Engländern) besiedelt wurde, welche zumeist der protestantischen
Religion angehören. An Kultur ist das germanische dem
romanischen Amerika weit überlegen. Während die Germanen
sich von Vermischungen fast völlig rein erhalten haben, scheinen

die Romanen in solchen aufzugehen; sie haben sich mit Negern (Mulatten), sowie mit Indianern (Mestizen) vermischt.

Die Unmöglichkeit, die Eingeborenen für den Ackerbau zu gewinnen, hat seit 1506 zur Einführung von N e g e r n Veranlassung gegeben, die bis in die zweite Hälfte unseres Jahrhunderts als S k l a v e n gehalten wurden, jetzt aber in ganz Amerika f r e i sind. Aus ihre Vermischung mit Indianern entstammen die Zambos. Ein neues Bevölkerungselement sind die C h i n e s e n und indischen K u l i s, welche seit Aufhebung der Sklaverei von den Plantagenbesitzern ins Land gebracht wurden, um die an den Negern verlorenen Arbeitskräfte zu ersetzen.

Die Gesamtbevölkerung Amerikas beträgt $132^3/_4$ Mill., das ist nur 3 pro km². Davon entfallen auf Südamerika etwa 35 Millionen, auf Mittelamerika $9^1/_2$ Millionen und die übrigen auf Nordamerika. Die dichteste Bevölkerung haben die Oststaaten der Union und die westindischen Inseln, die schwächste die rauhen Gebiete des nördlichsten Nordamerika und Patagoniens, sowie die Selvas des Amazonas und das Hochland von Guayana.

Ursprünglich wurde ganz Amerika von europäischen Staaten, vorwiegend Spanien, Portugal, England, besetzt. Seit dem Ende des vorigen und dem Anfang dieses Jahrhunderts sind bei weitem die meisten europäischen Kolonien zu s e l b s t ständigen S t a a t e n geworden und haben sich der r e p u b l i k a n i s c h e n Regierungsform zugewendet.

Nordamerika.

§ 31. Britisch=Nordamerika.

Britisch=Nordamerika umfaßt den Norden des Kontinentes bis südlich zum 49.° und bis zu den kanadischen Seen, nebst der Halbinsel Neuschottland und der Insel Neufundland. Bloß die Nordwestecke, das Gebiet von Alaska, ist im Besitze der Vereinigten Staaten. Der ganze Westteil unseres Gebietes wird von dem Cordillerensystem eingenommen. Dieses beginnt auf der Halbinsel Alaska und schwenkt unter 63° nördl. Breite nach Südwesten ab. Im allgemeinen besteht es aus zwei Parallelketten, dem westlichen Kaskadengebirge und dem östlichen Felsengebirge, zwischen welchen sich Hochlandschaften von durchschnittlich 1000—1200 m Meereshöhe ausbreiten. Zahlreiche langgestreckte Seen finden sich diesen Hochländern eingebettet. An vielen Stellen hat die Flußerosion ein wechselvolles Bergland geschaffen. Dem südlichen Teile, welcher wegen seiner Goldführung das Goldgebirge ge= nannt wird, entströmt der Columbia nach SW., und fast parallel demselben bahnt sich auch der Fraser seinen Weg zum Meere. Das östliche Randgebirge ist niedriger (M. Brown 4480 m), aber auch geschlossener, obwohl Nebenflüsse des Mackenzie (Liard und Friedensfluß) es durchbrechen. Das Kaskaden= oder Küstengebirge ist höher, aber bis 58° Nord= breite in eine Reihe von Inseln aufgelöst und zertrümmert. In einer echten Fjordküste greift hier Meer und Land inein= ander. Auf festländischem Boden erreicht das Kaskadengebirge mit dem Mt. Logan (einem wahrscheinlich noch thätigem Vulkan) 5900 m: es ist der höchste Gipfel von Nordamerika.

Oeſtlich vom Felſengebirge betreten wir das weite arktiſche Tiefland, das vornehmlich mit Kreideablagerungen bedeckt iſt. Erſt weiter öſtlich, in den Gebieten um die Hudſon=Bai, taucht eine uralte Gneisplatte empor, welche auch ganz Lab= rador umfaßt. Dieſe hudſoniſch-labradoriſche Platte war die Heimat der eiszeitlichen Gletſcher und des Moränenmaterials, welches weit nach Süden verſchleppt wurde. Sie bildet ein wenig gewölbtes, abgeſchliffenes Gebiet von durchſchnittlich 300 m Meereshöhe. In flachen Thalungen ſind Seen und Moosſümpfe eingebettet. Niedere, höchſtens bis 600 m an= ſteigende Bodenſchwellen bilden die Waſſerſcheide des Fluß= gebietes der Hudſon=Bai gegen das des Atlantiſchen Ozeans. Durch beſonderen Seenreichtum iſt das arktiſche Tiefland aus= gezeichnet. Der Athabaska=, Gr. Sklaven= und Gr. Bärenſee werden durch den Mackenzie zum Nördlichen Eismeer ent= wäſſert, während der Winnipeg=See einen Abfluß zur Hudſon= Bai ſendet.

Am Südrand der hudſoniſch=labradoriſchen Gneisplatte liegen die fünf canadiſchen Seen (Oberer=, Michigan=, Huronen=, Erie= und Ontarioſee), welche mit ihrem Geſamtareal von 245 000 km² die größte Süßwaſſeranſammlung der Erde bilden. Die einzelnen Seen ſtehen durch Waſſeradern miteinander in Verbindung und werden durch den St. Lorenzſtrom entwäſſert, deſſen Mündung breit und trichterförmig iſt. Zwiſchen dem Erie= und Ontario= ſee liegen die 49 m hohen Niagarafälle.

Der größte Teil von Britiſch=Nordamerika wird von weiten, prächtigen Nadelholzwäldern bedeckt, die eine ungeheuere Holzausbeute geſtatten. Dagegen iſt die Jagd auf Pelztiere jetzt weniger ergiebig als ehedem, namentlich Biber und Otter ſind ſeltener geworden. Durch die Ver= minderung des Jagderträgniſſes ſind auch die Indianer teils

zurückgedrängt, teils zu einem seßhaften Leben gezwungen worden.
Uebrigens beläuft sich ihre Zahl in ganz Britisch=Nordamerika
nur auf etwas über 100 000, sie bilden also gegenüber der
Gesamtbevölkerung von 5 Millionen einen verschwindenden
Bruchteil.   An den arktischen Gestaden, dort wo der Wald
der Tundra weicht, leben einige Tausend Eskimos.   Der
größte Teil der Bevölkerung, aus eingewanderten Europäern
und deren Nachkommen bestehend, drängt sich in den südlichen
und namentlich südöstlichen Landesteilen zusammen, wo dem
landwirtschaftlichen Betrieb Boden und Klima günstig
sind.   Ueberhaupt beruht die Zukunft von Britisch=Nordamerika
auf dem Ackerbau, der sich bisher zumeist auf den südöst=
lichen Teil des Landes beschränkte, seit neuerer Zeit aber immer
weiter gegen Westen und Norden vorrückt.   Einwanderer ver=
wandeln Wald und Prärie in Getreidefelder.   Auch die Vieh=
zucht gewinnt immer größere Bedeutung; es werden alle
europäischen Haustiere gehalten.   Die Besiedelung wird un=
gemein gefördert durch die canadische Pacificbahn,
welche von der atlantischen Hafenstadt Halifax (40 000 Einw.),
an der Küste der Halbinsel Neuschottland, durch die südlichen
Landschaften und das goldreiche Gebirgsland von Britisch=Colum=
bien nach der pacifischen Hafenstadt Vancouver (15 000 Einw.)
führt.
    Der Kern von Britisch=Nordamerika ist die um die cana=
dischen Seen und den Lorenzstrom lagernde Landschaft Canada.
Ehedem französisch, besteht noch jetzt ein großer Teil der Be=
völkerung aus Franzosen, doch herrscht das englische Element
vor.   Am Lorenzstrom liegen die wichtigen Hafenstädte Quebec
(63 000 Einw.) und Montreal (217 000 Einw.), mit aus=
gedehntem Handel nach Europa.   Bis Montreal können See=
schiffe gelangen.   Am Ontariosee erhebt sich die Handels= und

Hafenstadt Toronto (181000 Einw.). Zu Britisch=Nord=
amerika gehört auch die Insel Neufundland, an deren
Westküste alljährlich ergiebiger Stockfischfang stattfindet. Ihrer
Südküste sind die französischen Inselchen St. Pierre und
Miquelon vorgelagert.

Weit draußen im Ozean erheben sich die ebenfalls bri=
tischen Bermudas=Inseln, niedere und üppig fruchtbare
Korallenbauten.

§ 32. Die Vereinigten Staaten Nordamerikas.

In den Vereinigten Staaten von Amerika, United States
of America, auch Union genannt, erreicht das Cordillerensystem
viel mächtigere Entwicklung als im britischen Nordamerika.
Doch beherrscht auch hier eine mittlere, von höheren östlichen
und westlichen Randgebirgen umschlossene Hochebene den Ge=
birgsaufbau. Diese Hochebene, Großes Becken (Great Basin)
genannt, geht nicht unter 1200 m Meereshöhe herab und
erreicht ihre größte Breite im Parallel des Großen Salzsees
(1100 km); nach Norden und Süden verschmälert sie sich.
Zeigt auch das ganze Gebiet des Großen Beckens eine Gleich=
heit in Bezug auf klimatische Verhältnisse, da infolge der
außerordentlichen Trockenheit Wüsten und Steppen vorherrschen,
so wird doch durch orographische Verhältnisse eine Gliederung
möglich. Die Wahsatchkette (3700 m) und die Depres=
sionen im Gebiete des Großen Salzsees (6100 km², 1286 m
hoch gelegen) bezeichnen die Grenze zwischen einer östlichen
und westlichen Hochfläche, und beide werden wieder durch
Höhenzüge, erstere durch die Uintah=Berge (4200 m), letztere
durch die allerdings nur undeutlich ausgesprochene Wasserscheide
zwischen Columbia und dem in Salzseen sich verlierenden Hum=
boldt=River, in nördliche und südliche Abschnitte geteilt, so daß

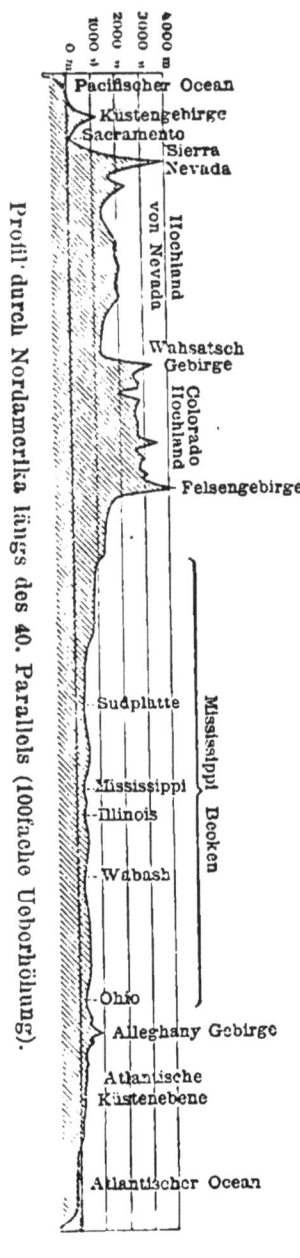

Profil durch Nordamerika längs des 40. Parallels (100fache Ueberhöhung).

wir vier innere Hochlandschaften zu unterscheiden haben. Die nord=östlichste ist im Mittel 2000 m hoch), von wesentlich ebener Be=schaffenheit und wird von dem Green River, dem nördlichen Quell=fluß des Colorado, durchzogen. Das südöstliche Hochland zeigt wechsel=volleres Relief und geht in seinen südlichen Teilen in das Colorado=Plateau über, das von dem Colorado und seinen Nebenflüssen in außeror=dentlich tiefen Cañons (1000 bis 1500 m) durchfurcht wird. In keinem Teile der Welt trifft man so gewaltige Erosionswirkun=gen des fließenden Wassers. Nach Süden fällt das Coloradoplateau zu dem nur 1200 m hohen Sierra Madre=Plateau ab.

Den ödesten Teil des Großen Beckens bildet der abflußlose süd=westliche Abschnitt, das Hochland von Nevada. Es senkt sich nach Südwesten zur Mohave Wüste, wo das „Thal des Todes" zwischen Bergwänden von mehreren tausend Metern bis 100 m unter das Meeresniveau sinkt. Der nord=westliche Abschnitt des großen Beckens, das Hochland von Ore=

gon, wird durch den Schlangenfluß zum Columbia entwässert.

Das östliche Randgebirge, Felsengebirge (Rocky Mountains),
welches keineswegs vollkommen geschlossenen Charakter besitzt,
steigt über 4000 m Höhe (Blanca Peak 4400 m) an und
wird von dem Missouri und dessen Zuflüssen (Yellowstone,
Nord= und Südplatte, Arkansas, Canadian River) durchbrochen.
Dem östlichen Randgebirge gehört auch die durch ihre Natur=
wunder berühmte vulkanische Yellowstone=Region an, wo sich
heiße Quellen, Solfataren, Schlammvulkane ꝛc. finden.

Das westliche Randgebirge kann in seiner Gesamtheit
Sierra Nevada genannt werden, sofern diese Kette es ist, welche
die ganze Halbinsel Californien durchzieht, dann als eigentliche
Sierra Nevada und schließlich (vom Mount Shasta $11\frac{1}{2}°$ Br.)
als Kastadengebirge sich fortsetzt. Bis zum 35° nördlicher Breite
fällt diese Gebirgskette unmittelbar zum Meer ab, weiter nörd=
lich aber bis zur Fucastraße tritt sie um ca. 4 Längengrade
vom Meere zurück, und das sog. Küstengebirge (2000 m), ein
Gebirgszug von Mittelgebirgscharakter, tritt an das Meer heran,
läßt aber zwischen sich und dem Hochgebirge langgestreckte, frucht=
bare Thalbecken. An mehreren Punkten, wie am Vulkan M.
Shasta (4400 m) treten beide Gebirge derart in Verbindung,
daß sie nur nach geologischen Merkmalen zu trennen sind.

Zwischen dem Felsen= und Alleghany=Gebirge breitet sich
das Mississippi=Becken aus. Dieses ist keineswegs ein weites
Tieflandsgebiet, sondern setzt sich aus Hoch= und Hügelländern
zusammen, welche sich allmählich zu dem verhältnismäßig
schmalen Tieflandstreifen des Mississippithales herabsenken. Im
Osten sind es die einst mit Wald bedeckten, jetzt aber für den
Ackerbau gewonnenen Tafelländer von Ohio, Kentucky und
Tennessee, im Westen eine von den Vorbergen des Felsen=

gebirges durchzogene Hochprärie, welche diesen Uebergang ver=
mitteln. Der Mississippi entspringt auf niederen (500 m),
die Wasserscheide gegen das arktische Becken bildenden Hügel=
zügen und vereinigt sich bei St. Louis (125 m) mit dem Mis=
souri. Seine wichtigsten linksseitigen Nebenflüsse sind Illinois
und Ohio. Das große Mündungsdelta des gewaltigen Stromes
baut sich immer weiter in das Meer hinaus.

Die Alleghanies sind ein durchschnittlich 200 km breites
Faltengebirge, das Südwest=Nordost=Richtung innehält. Sie
bestehen aus einer größeren Anzahl von Gebirgsketten, welche
einen ausgeprägten Parallelismus zeigen und sowohl dadurch
wie durch ihre große Gleichförmigkeit in Verlauf und Höhe
an den Schweizer Jura erinnern, obwohl sie ausschließlich aus
alten Gneisen und krystallinischen Schiefern aufgebaut sind.
Die höchsten Erhebungen erreichen die Alleghanies im Süd=
westen (Black Dome, 2045 m); nach Nordosten erniedrigen
sie sich und lösen sich in einzelne Gruppen auf.

Die gesamten Küstenlandschaften des Atlantischen Ozeans
und des mexicanischen Golfes werden von einem aus jungen
und jüngsten Bildungen aufgebauten T i e f l a n d e eingenommen,
das namentlich in seinen südlichen Abschnitten sumpfig und fieber=
hauchend ist und zum Teil durch künstliche Dämme gegen die
Sturmfluten des Meeres geschützt werden mußte.

Das nordöstliche Uniongebiet bildet den Kern des Reiches,
an welchen sich allmählich die übrigen Landschaften angliederten.
Doch erhielt es erst unter der englischen Königin Elisabeth
dauernde europäische Besiedlung, die Schritt für Schritt in
hartem Kampfe gegen die Eingeborenen über den ganzen atlanti=
schen Küstenstrich bis Florida ausgedehnt wurde. Da das Mutter=
land die Kolonien durch hohe Steuern drückte, erhoben sich die=
selben unter Washington und proklamierten 1776 ihre Unabhängig=

teit, die 1783 von den Engländern anerkannt werden mußte. Bald wurden von den Kolonisten die Alleghanies überschritten, das Mississippi-Becken besiedelt, und jenseits des Kordillerensystems erreichte man schließlich die gesegneten Uferlandschaften des Pacifischen Ozeans.

Gegenwärtig bestehen die Vereinigten Staaten aus 45 Staaten, 5 Territorien und einem Bundesdistrikt. Die Staaten sind in ihren inneren Angelegenheiten von einander unabhängig, bilden aber zusammen einen Bund, an dessen Spitze der Präsident steht.

Noch nie hat sich ein großes Staatswesen so rasch bevölkert, wie der junge Riese auf der westlichen Halbkugel, denn vor etwas über 100 Jahren betrug die Gesamtbevölkerung der Ansiedler ungefähr soviel als die heutige Einwohnerzahl von Paris. Jetzt beläuft sie sich auf 63 Millionen Seelen. Dieses rasche Anwachsen findet durch die große, in unserem Jahrhundert von Jahrzehnt zu Jahrzehnt sich steigernde Einwanderung seine Erklärung. Von 1820 bis 90 sind nach der Union 16 Millionen Menschen gewandert, darunter $6\frac{1}{4}$ Millionen aus dem britischen Inselreich und über $4\frac{1}{2}$ Millionen aus Deutschland. Dementsprechend bilden den Hauptteil der Bevölkerung (54.8 Millionen) Weiße, unter welchen die Yankees, die Nachkommen der Einwanderer aus Großbritannien, zwar die Hauptrolle spielen, aber auch die Deutschen immer mehr an Zahl und Bedeutung gewinnen. $7\frac{1}{2}$ Millionen Seelen sind Farbige (Neger und Mulatten), welche seit 1865 frei sind. Die Urbevölkerung, die Indianer, sind auf 250 000 Seelen zusammengeschmolzen und leben zumeist im niederen Kulturzustand auf Reservationen, welche laut Gesetz von dem weißen Manne nicht betreten werden dürfen. Zumeist in den pacifischen Landschaften leben auch über 100 000 Chi-

nesen. Doch wurde 1888 deren weitere Einwanderung ver=
boten.

Die Naturproduktion der Union ist ebenso reich wie
mannigfaltig. Das Hauptprodukt bilden die verschiedenen Ge=
treidearten, namentlich Mais und Weizen. Es wird
weit über den Bedarf produziert, so daß alljährlich ungeheure
Mengen von Getreide auf den europäischen Markt geworfen
werden. In den südöstlichen Staaten (bis 35° nördl. Br.)
herrscht der Reisbau vor, und hier hat auch die Kultur der
Baumwolle und des Zuckerrohrs weite Verbreitung. Blühen
und durch üppiges Weideland gefördert, ist die Rindviehzucht,
demnächst die Schweine= und Schafzucht. Auch mit seinen
Erzeugnissen aus der Tierproduktion erscheint die Union als
gefährlicher Konkurrent auf dem europäischen Markte. Edel=
metalle liefert vornehmlich das Cordillerensystem, Steinkohle
findet sich in ausgedehnten, die europäischen Vorkommnisse weit
übertreffenden Lagern in den Alleghanies und im Mississippi=
becken. An Eisen und Petroleum sind namentlich die nord=
östlichen Staaten reich. Eine erstaunliche Entwicklung hat
auch die industrielle Bethätigung genommen; sie emanzipiert
sich nicht nur von Europa, sondern ihre Waren bereiten jetzt
schon den europäischen schwere Konkurrenz. Dank der glück=
lichen Lage zwischen zwei Weltmeeren, günstiger Küstenbil=
dung, großer Arbeitskraft und kühnem Unternehmungsgeist der
Bewohner, ist die Union zur zweiten Handelsmacht der Erde
geworden. Den Binnenhandel fördern die schiffbaren Flüsse
und Kanäle, sowie ein ausgedehntes Eisenbahnnetz. Man
zählt jetzt im Gebiete der Union fünf Pacificbahnen,
welche über das Cordillerensystem hinweg den Verkehr zwischen
Ost und West, zwischen New=York und San Francisco ver=
mitteln.

In dem nordöstlichen Staatengebiet der Union, und zwar in den Neuengland=Staaten, in New=York und Penn= sylvanien, tritt der Ackerbau bei dem ziemlich rauhen Klima und nicht gerade ergiebigen Boden zurück. Dafür hat sich hier die Industrie, dank der reichen Kohlen= und Eisen= schätze dieser Landschaften, blühend entwickelt. Der große Handel wurde durch die hafenreiche atlantische Küste be= günstigt. Hier drängt sich die Bevölkerung der Union am dichtesten zusammen. Boston (449 000 Einw.), im Hinter= grunde der Massachusettsbai, die älteste Großstadt der Union, ist nicht nur eine hochwichtige Industrie= und Handelsstadt, sondern behauptet auch in Kunst und Wissenschaft den ersten Rang unter den amerikanischen Städten; seine Vorstadt Cambridge (70 000 Einw.) hat die älteste und berühmteste amerikanische Universität (Havard College). New=York (1 600 000 Einw.) ist die größte und wichtigste See= und Handelsstadt der Union und nächst London der bedeutendste Handelsplatz der Welt über= haupt. Sie ist durch ihre Lage an einem vorzüglichen Naturhafen und an der Mündung des schiffbaren Hudson, sowie durch ihre be= quemen Alleghany=Uebergänge nach den Canadischen Seen und nach dem Ohiothal geographisch außerordentlich begünstigt. Durch Einrechnung der anliegenden Orte wie Brooklyn (800 000 Einw.), Jersey City u. a. erhöht sich die Einwohnerzahl auf 3 ½ Mill. Den Hudson aufwärts treffen wir auf Albany (95 000 Einw.) einen wichtigen Binnenhandelplatz. Unfern der Mün= dung des Delaware liegt Philadelphia (1 050 000 Einw.), bis Anfang des 19. Jahrhunderts ansehnlicher als New=York, ein wichtiger Industriemittelpunkt und Handelshafen der Union. Die Doppelstadt Alleghany=Pittsburg (344 000 Einw.) bildet den Mittelpunkt eines Metallindustrie=Bezirkes. Balti= more (434 000 Einw.), an der Chesapeake=Bai, ist ein wich=

tiger Ausfuhrhafen und bedeutender Getreidemarkt. Unfern davon liegt Washington (230 000 Einw.), eine stille, freund- liche Stadt, welche als Sitz der Zentralregierung und Volks- vertretung von politischen und als Sitz zahlreicher wissenschaft- licher Institute (Smithsonian Institution, Nationalmuseum, Universität) auch von hoher wissenschaftlicher Bedeutung ist.

Eine Reihe von Großstädten sind an den canadischen Seen emporgekommen. Am bedeutendsten ist Chicago (1 400 000 Einw.), die zweitgrößte Stadt der Union, 1837 erst 4700 Einwohner zählend, einer der ersten Weltmärkte in Getreide, Viehzuchtprodukten (riesige Schlächtereien), Kohle und Holz. Die Stadt liegt am Südende des Michiganfees; hier nähern sich die aus Ost und Nordost kommenden Eisenbahnlinien den Schiffahrtsstraßen des Illinois und Mississippi. Nördlich von Chicago liegt Milwaukee (205 000 Einw.), mit regem Handel; wegen seiner Bierfabrikation das „amerikanische München" genannt. Am Eriesee erheben sich die Städte Detroit (206 000 Einw.), Cleveland (261 000 Einw.) und Buffalo (226 000 Einw.), sämtliche mit reger und mannigfaltiger Industrie und Handel mit Landesprodukten. Cincinnati (287 000 Einw.), am Ohio, ein wichtiger Binnenhandelsplatz; Schweinemarkt.

Auch am Mississippi liegen einige Großstädte. St. Paul (133 000 Einw.) ist der Endpunkt der Mississippi=Schiffahrt, zugleich bedeutender Handelsplatz und Eisenbahnknotenpunkt. Die Stadt hängt mit dem an den Anthonyfällen des Missis- sippi gelegenen Minneapolis (165 000 Einw.) zusammen; letztere ist der erste Mehlmarkt der Erde. St. Louis (452 000 Einw.) ist der geographische Mittelpunkt der Binnen- schiffahrt der Union, denn hier treffen Missouri und Illinois mit dem Mississippi zusammen, und unfern davon vereinigt sich auch das Ohiosystem mit demselben. Durch diese geographische Begünstigung ist die Stadt der Hauptknotenpunkt des binnenländischen Eisenbahnnetzes geworden. New-Orleans (242000 Einw.) liegt hinter künstlichen Schutzdämmen inmitten der Sumpflandschaft des Mississippi-Deltas und ist erst durch die Regulierung der mittleren Mississippi-Mündung und andere hydrotechnische Arbeiten für Seeschiffe und Eisenbahnen erreichbar geworden. Die Stadt ist einer der wichtigsten Handelsplätze der Union und steht in dem Werte ihres Handelsverkehres nur hinter Boston und New-York zurück.

In den westlich des Mississippi gelegenen Prärielandschaften nimmt die Dichte der Bevölkerung rasch ab und die Großstädte werden selten. Kansas-City (133000 Einw.), an der Vereinigung des Kansas mit dem Missouri, ist ein wichtiger Markt für die Landesprodukte. Omaha (141000 Einw.) am Missouri, Brückenstadt der Union-Pacificbahn und dadurch eine Vermittlerin des Verkehrs zwischen Ost und West; große Schmelzwerke und Schweineschlächtereien. Bereits am Fuße des Felsengebirges liegt Denver (107000 Einw.), ein wichtiger Eisenbahnknotenpunkt für die die inneren Hochlandschaften durchquerenden Eisenbahnen; Hauptmarkt für Bergwerksprodukte, große Erzverhüttung.

Die Staaten und Territorien des Großen Beckens haben die schwächste Bevölkerung der Union (0.4 pro km²). Doch macht auch hier die Besiedlung Fortschritte. Nur in dem Staate Nevada ist sie im letzten Decennium um 26.5% zurückgegangen, ein auffälliger, in der Union sonst nirgends vorkommender Fall. Infolge des rauhen und regenarmen Klimas ist der Ackerbau gänzlich unbedeutend. Beträchtlicher ist die Viehzucht, die stellenweise von guten Weideplätzen begünstigt wird. Der Reichtum der Plateau-Staaten besteht in ihren mannigfaltigen Mineralschätzen. Neben Edelmetallen werden Eisen, Kupfer, Blei rc. und Steinkohle und Salz gewonnen. Die wichtigste Siedlung ist die Salzseestadt (Salt Lake City 45000 Einw.), Sitz der Mormonen=Sekte, mit künst= lichen Bewässerungsanlagen, natürlichen Warmquellen und großen Salzwerken.

Von den Plateau=Staaten steigen wir zu den von der Natur reich begünstigten pacifischen Staaten herab. In diesen ist in wirtschaftlicher Hinsicht die Gewinnung von Edelmetallen die ursprüngliche Grundlage, auf welcher Landwirtschaft, Gewerbe und Handel kräftig aufgeblüht sind und jetzt an volkswirt= schaftlicher Bedeutung die Edelmetallgewinnung weit übertreffen. An einem trefflichen, geschützten Naturhafen, in welchen das schmale „Goldene Thor" führt, liegt San Francisco (299000 Einw.), eine der wichtigsten Handels= und Seestädte des Pacifischen Ozeans, Endpunkt der Pacificbahnen. Zu= gleich wichtigste Fabriksstadt und Hauptbildungszentrum des amerikanischen Westens. Das Territorium Alaska ist bis 67° Nordbreite mit lückenlosen Waldungen bedeckt. Die Bevölke= rung des weiten Gebietes (32000 Seelen) besteht fast aus= schließlich aus halbwilden Indianern und Eskimos. Von hoher wirtschaftlicher Bedeutung ist der Fisch= und Robbenfang in den Küstengewässern, der Pelztierreichtum des Binnenlandes und die beträchtliche Goldausbeute einiger Gebirgsdistrikte.

§ 33. Mexico.

Mexico wird bis zur Landenge von Tehuantepec von dem Cordillerensystem erfüllt. Doch greift es noch etwas über diese Landenge auf mittelamerikanisches Gebiet und umfaßt die flache niedere Halbinsel Yucatan.

Die mexicanischen Kordilleren bewahren denselben Cha=

rafter wie im übrigen Nordamerika. Ein breites, im Mittel 2200 m hohes Hochland, überragt von etwas höheren Rand= gebirgen, nimmt fast den ganzen Raum zwischen dem Mexica= nischen Golf und dem Pacifischen Ozean ein. Die Rand= gebirge fallen zu feuchtheißen, fieberhauchenden, mit dichten Tropenwaldungen bedeckten schmalen Küstenebenen ab, die für die Schiffahrt äußerst ungünstig sind. Daher kann auch die Hafenstadt Vera Cruz (30 000 Einw) auf der atlantischen Seite zu keiner rechten Blüte kommen. Das innere Hoch= land erfreut sich zwar ewiger Sommerwärme, empfängt aber tropische Zenithalregen und ist daher während des größten Teiles des Jahres trocken, weshalb der Wald vollständig ver= schwindet und nur Kakteen und Agaven auszudauern vermögen. Der größte Teil des Hochlandes ist daher abflußlos, die kleinen und unansehnlichen Wasseradern ergießen sich in aus= gedehnte Salzlachen. Nur im Süden gelingt es kleineren Flüssen, das Randgebirge zu durchbrechen, und im Norden strömen einige Gewässer dem Rio Grande del Norte zu. Auf dem inneren Hochlande herrschen die ältesten Schichtgesteine vor, und unter diesen enthalten Thonschieferlagen reiche Erzgänge, namentlich wird Silber (in Pachuca, Guanajuato, Zacatecas und Sombrerete) gewonnen.

Am Südrande des mexicanischen Hochlandes treten eine Reihe gewaltiger Bulkane auf, welche auf einer ostwestlich ge= richteten Spalte aufsitzen. Die wichtigsten sind der Citlalte= petl oder Pik von Orizaba (5450 m) und der Popocatepetl (5420 m).

Mexico hat zu Anfang unseres Jahrhunderts die spa= nische Herrschaft abgeschüttelt, doch wurde durch die fol= genden, bis in die neueste Zeit dauernden Staatsumwälzungen und Kriegswirren das Land wirtschaftlich auf das Schwerste ge=

schädigt. Die Bewässerungsanlagen, ohne welche der Ackerbau auf der Hochebene unmöglich wird, sind vielfach verfallen, in die Berg= werke ist Wasser eingebrochen, Räuberbanden machen die Land= straßen unsicher. Erst in allerneuester Zeit scheinen sich bessere Verhältnisse anzubahnen. Das zahlreichste Bevölkerungselement (43%) bilden die Mestizen, die Mischlinge von Spaniern und Indianern; diesen zunächst kommen die reinen Indianer (38%), die Nachkommen der alten aztetischen Völker, und die eingewanderten Spanier und deren Nachkommenschaft, die sog. Kreolen (19%). Fast die gesamte Bevölkerung bekennt sich zum Katholizismus und betreibt Ackerbau (Mais), der jedoch, da nur ein Achtel des Landes unter Bewirtschaftung steht, kaum den einheimischen Bedarf deckt. Ziemlicher Blüte erfreut sich auf den großen Wirtschaftshöfen ("Haziendas") die Zucht der europäischen Haustiere, namentlich der Ziegen und Rinder. Neben Silber werden auch Gold und andere Metalle gewonnen.

Mexico bildet gegenwärtig eine Förderativ=Republik (Es- tados unidos de Mejico) nach dem Muster der nord= amerikanischen Union. Der Sitz der Regierung ist Mexico (330000 Einw.), auf der Hochebene von Anahuac, wo alle Hauptverkehrsstraßen des Landes zusammenlaufen, schon zur Aztekenzeit der Herrschersitz, sowie der Brennpunkt des wirt= schaftlichen und geistigen Lebens.

§ 34. Mittelamerika

besteht aus dem vom Isthmus von Panama bis zum Isthmus von Tehuantepec reichendem Festlandsstück und aus den west= indischen Inseln. Auf dem Isthmus von Panama sinkt die Wasserscheide zwischen beiden Ozeanen bis auf 85 m, auf dem von Tehuantepec auf 207 m. Zwischen diesen beiden Isthmen

liegt ein gewaltiges, durchschnittlich 2000 m hohes Gebirgs=
und Plateauland, gekrönt von mehreren über 4000 m Meeres=
höhe ansteigenden Vulkanen (Agua, Fuego u. a.). Durch
eine tiefe Querspalte zerfällt das Gebirgsland in 2 Abschnitte.
Diese Querspalte beginnt an der Fonsecabai und geht über den
Managua= und Nicaraguasee (33 m über dem Meere) zum
Karibischen Meere. Man hat hier in neuerer Zeit den Bau
eines interozeanischen Kanals in Angriff genommen.

Das Festlandsstück wird vornehmlich von den fünf
zentralamerikanischen Republiken: Guatemala, Hon-
duras, Salvador, Nicaragua und Costarica eingenommen, die politisch
ganz machtlos sind. Ihre Bevölkerung besteht überwiegend
aus Mischlingen und Indianern und betreibt regen Ackerbau,
der durch den vulkanischen Boden und das feuchtheiße Klima
begünstigt wird. Zu hoher Blüte ist die Kultur des Kaffees
gelangt, der gegenwärtig auch den Hauptausfuhrartikel bildet.
Daneben wird Tabak, Cacao, Zucker, Baumwolle, Vanille ꝛc.
gewonnen. Die Tropenwälder liefern Mahagoni= und wert=
volle Farbhölzer. Die wichtigste Industrie= und Handelsstadt
Zentralamerikas ist Guatemala (70 000 Einw.), auf der
Hochebene in 1500 m Meereshöhe gelegen. An der atlan=
tischen Küste haben die Briten einen flachen, sumpfigen und mit
dichten Waldungen bedeckten Strich (Britisch=Honduras) be=
setzt. Das schmale Bogenstück der Landenge von Panama gehört
zu Columbia. Der hier in Angriff genommene Kanalbau
mußte infolge unerwarteter technischer Schwierigkeiten und
mangelnder Mittel eingestellt werden.

Die westindischen Inseln sind die stehen gebliebenen
Horste eines vielfach zerbrochenen Faltengebirges, dessen Kern
und mittelste Zone die reichgebirgigen Inseln der Großen Antillen bilden. Cuba steigt bis 2500 m an; Haiti bis über

3000 m, Jamaica bis 2300 m und Porto Rico bis 1100 m Meereshöhe an. Die Kleinen Antillen werden in ihrem Aufbau durch zahlreiche Vulkane beherrscht, welche bis 1700 m ansteigen.

Die westindischen Inseln stehen unter dem Einflusse des heißen, regenreichen Tropenklimas und sind daher üppig frucht= bar. Die Hauptprodukte sind Kaffee, Rohrzucker, Rum, Mais, Tabak, Baumwolle. Die Gebirgslandschaften sind mit dichtem Tropenwald überkleidet. Die Bevölkerung ist eine sehr dichte und besteht zu $^3/_4$ aus Negern und Mulatten, zu $^1/_4$ aus Weißen verschiedener Abstammung, doch vorwiegend spanischer. Die einheimische Urbevölkerung ist unter den Bedrückungen der Spanier ganz verschwunden. Selbständig ist nur die Insel Haïti, in deren Herrschaft sich zwei Repu= bliken, Haïti und die Dominikanische Republik, teilen. Die Bevölkerung der ersteren besteht vorwiegend aus Negern, die der letzteren aus Mulatten. Beide Staaten entbehren zielbewußter Verwaltung, und die reichen Hilfsquellen der Insel werden nicht ausgebeutet. Port au Prince (60 000 Einw.), die Hauptstadt der Republik Haïti, treibt lebhaften Handel.

Alle übrigen westindischen Inseln stehen unter europäischer Herrschaft. Spanisch sind die Inseln Cuba und Porto Rico. Erstere sucht jetzt in erbittertem Kampf gegen das Mutterland seine Selbständigkeit zu gewinnen. Ihre an der Nordküste gelegene Hauptstadt La Havana (200 000 Einw.) ist die erste Handelsstadt von Westindien. Jamaica (mit der Hauptstadt Kingston) ist im Besitze der Engländer. Diese haben auch die Bahama oder Lucayischen Inseln besetzt, niedere Korallenbauten. Auf Guanahani (S. Salvador, jetzt Watling=Inseln) ist Columbus auf seiner ersten Reise ge= landet.

In den Besitz der Kleinen Antillen teilen sich die Engländer, Franzosen, Dänen und Holländer. Den Löwenanteil haben die Engländer; ihnen gehören Trinidad, Tobago, Granada, Barbados, Santa Lucia, Dominica u. a. Die Franzosen haben Guadeloupe und Martinique, die Dänen einige der Jungfern-Inseln (St. Thomas, St. John und St. Croix), die Holländer endlich haben ebenfalls einige Jungferninseln (Saba u. a.), sowie die Leewärts-Inseln an der venezuelanischen Küste (Curaçao, Bonaire, Aruba) besetzt.

Südamerika.

§ 35. Die orographisch-tektonische Gestaltung, Bewässerung.

Den Westflügel Südamerikas nimmt das junge Faltungs-gebirge der Anden ein, und zwar ziehen diese von der Magelhaes-straße unter 53° südl. Breite bis zum Golf von Darien in einer Gesamtlänge von 7200 km. Die Anden dürften zwar schon in paläozoischer und mesozoischer Zeit tektonische Stör-ungen erlitten haben, ihre entscheidende Auffaltung aber haben sie erst im oberen Tertiär erhalten. Damit im Zusammenhang stand die Bildung mächtiger Vulkane, welche dem Gebirge aufgesetzt sind und dessen höchste Spitzen bilden.

In dem orographischen Bau der Anden kann man drei Abschnitte unterscheiden: Die aus einer Kette bestehenden süd-lichen Anden (bis 32° südl. Breite), die doppelkettigen mittleren Anden mit dazwischen liegenden ausgedehnten Plateaus (bis 1° nördl. Breite), endlich die nördlichen, aus drei aus-einanderstrebenden Ketten bestehenden Nord-Anden.

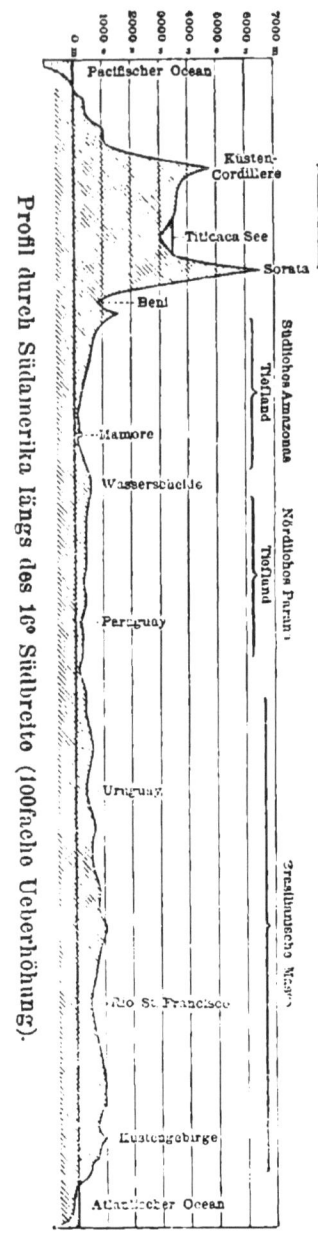

Profil durch Südamerika längs des 16° Südbreite (100fache Ueberhöhung).

Die südlichen Anden bilden eine geschlossene, stark vulkanische und dichtbewaldete Kette. Die Pässe haben Meereshöhen von 2500 bis 4500 m. Die kulminierenden Spitzen steigen bis über 6000 m an, am höchsten der Vulkan Aconcagua (6970 m), überhaupt der höchste Berg Amerikas.

Die mittleren Anden bestehen im wesentlichen aus zwei Hauptparallelketten, zwischen welchen eine Hochlandschaft lagert. Diese wird wieder durch Querrücken, welche die beiden Hauptketten verbinden, in mehrere abgeschlossene und selbständige Plateaus zerlegt. Am breitesten sind entwickelt die Hochländer von Bolivia (durchschnittlich 4000 m hoch) und von Quito (durchschnittlich 2200—2800 m hoch). Gerade hier unter dürftigen physischen Verhältnissen (Trockenheit und Strenge des Klimas, Wald- und Wildarmut) hat die südamerikanische Kultur der Vorzeit ihre höchste Blüte entfaltet. Das bolivianische Hochland ist abflußlos. Seinem Nordabschnitt ist der Titicacasee (8331 km², 282 m tief), ein Süßwassersee eingebettet,

der auch die Wasser des südlicher liegenden Aullagassees auf=
nimmt. In den Randgebirgen erheben sich hohe Vulkane und
zwar in den östlichen Illimani (6410 m) und Sorata (6550 m),
in der westlichen Sahama (6415 m). Nirgends führen be=
queme und tiefe Einsattlungen zum östlichen Tiefland oder
der westlichen Küstenlandschaft herab. Die Pässe übersteigen
vielmehr ausnahmslos eine Höhe von 4000 m. Trotzdem hat
genialer Unternehmungsgeist durch Anlage dreier großartiger
Schienenwege Verkehrsadern zwischen dem inneren Hoch=
lande und dem Ozean geschaffen. Auch das Hochland
von Quito wird von hohen Vulkangipfeln, wie Chimborazo
(6310 m), Cotopaxi (5943 m), Antisana (5870 m),
überragt.

Die nördlichen Anden teilen sich in drei Aeste, von
welchen der mittlere der höchste ist (Vulkan Tolima 5584 m).
Zwischen der mittleren und östlichen Kette liegt das breite Thal
des Magdalenenstromes, der in fast direkt meridionalem Laufe
dem Karibischen Meere zuströmt und mit einem großen Delta
mündet. Die östliche Kette wendet sich allmählich nordöstlich
und nimmt den Namen Cordillere von Merida (4580 m) an.
Jenseits der Senke von Barquisimeto erhebt sich das ganz
anders gebaute Küstengebirge von Venezuela (2800 m) dessen
zerbrochene Fortsetzung die Insel Trinidad bildet. Ziemlich
isoliert und ohne bestimmt nachzuweisende Verwandtschaft mit
den Anden erhebt sich steil aus der umrandenden Ebene der
Gebirgsstock der Sierra Nevada de Santa Marta (5100 m).

Die durch das untere Amazonas = Tiefland getrennten
Bergländer von Guayana und Brasilien werden vornehmlich von
alten aufgefalteten Gneisen, Graniten und Schiefergesteinen
gebildet, die einen erstaunlichen Reichtum an Edelmetallen
und Edelsteinen umschließen. Die stellenweise über den

archäischen Gesteinen lagernden paläozoischen und kretaceischen (Sandstein)=Schichten sind umgefaltet. Orographisch bildet das brasilianisch=guayanische Gebirgssystem ein 300—1000 m hohes, wechselvolles Berg= und Flachland, über welchem einzelne langgestreckte Rücken bis 1500 m ansteigen. Das brasilianische Küstengebirge der Serra de Mantiqueira steigt im Ititiaya bis 2712 m an, und auch das Bergland von Guyana erreicht mit dem Roraima 2600 m Höhe. Das brasilianische Bergland wird teils durch den San Francisco und kleinere Küstenflüsse direkt zum Meere, teils durch Zu= flüsse des Amazonas (Tapajoz, Schingu, Tocantins) zu diesem entwässert. Das guayanische Hochland findet seine Ent= wässerung zum Orinoco und Amazonas und durch den Esse= quibo direkt zum Meere.

Zwischen den östlichen und westlichen Gebirgssystemen lagern weite Ebenen, welche nach den Stromgebieten, denen sie angehören, in das Tiefland des Orinoco, das Becken des Amazonenstromes und in die La Plata= und patagonische Ebene zerfallen. Von diesen ist das Tiefland des Orinoco das kleinste. Es wird zum größten Teil von den Planos eingenommen, das sind Steppen, welche zur Trockenzeit dürr und wüste sind, zur Regenzeit aber sich mit üppigem, mannshohem Graswuchse bedecken. Das ungeheure Tiefland des Amazonenstromes ist fast durchaus mit dichten Tropenurwäldern, den sog. Selvas, bedeckt und wird von den Flüssen periodisch weithin über= schwemmt; sie ist daher sehr sumpfig und äußerst ungesund. Die reich verzweigten Flußadern bilden nicht nur in ihr die einzigen Kommunikationswege, sondern sind auch berufen, den Verkehr zwischen Ost= und Westküste zu vermitteln. Die Hauptader dieses größten Flußgebietes der Erde bildet der Amazonenstrom, welcher in der Westkette den Anden entspringt,

das innere Hochland durchfließt und hierauf die Ostkette
durchbricht. Bei seinem Austritt aus dem Gebirge hat er nur
mehr 180 m Seehöhe; er durchfließt daher das Tiefland mit
kaum merklichem Gefälle in trägem Laufe. Oestliche Luft=
strömungen machen es selbst Segelschiffen möglich, den Ama=
zonas stromaufwärts zu befahren. Unter dem Aequator er=
gießt er sich mit einer breiten Mündungsbucht, vor welcher
Inseln lagern, in das Meer. Der bedeutendste Nebenfluß
des Amazonas ist rechts der Madeira. Am linken Ufer
empfängt er den Rio Negro, der durch den Cassiquiare
auch mit dem Flußsystem des Orinoco in Verbindung steht.
— Der südlichste, von den Quellflüssen des Madeira ent=
wässerte Teil des Amazonas=Tieflandes geht ohne merkliche
Wasserscheide in die La Plata=Ebene über. Das Stromsystem
des La Plata wird durch die Vereinigung der drei im brasi=
lianischen Gebirgssystem entspringenden Ströme Paraguay,
Parana und Uruguay gebildet. Mit dem Namen La Plata
wird übrigens nur die breite Mündungsbucht belegt. Den
nördlichen Teil der Ebene nimmt die Gran Chaco, den süd=
lichen die Pampa ein. Die Gran Chaco ist ein weites
ebenes, völlig steinloses Wald= und Weidegebiet, landschaftlich
ein Uebergangsgebiet zwischen Steppe und Wald mit park=
artigem Charakter. Die Pampa entbehrt des Baumwuchses
vollständig; sie ist eine unabsehbare Grasflur, welche zahlreiche
Herden von Rindvieh, Pferden und Schafen ernährt. Die
jenseits des Rio Negro bis zur Südspitze sich ausdehnende
patagonische Ebene ist steinig und unfruchtbar.

§ 36.　Die südamerikanischen Staaten.

Brasilien ist der größte Staat von Südamerika; er umfaßt
das ganze vornehmlich von Steppen (Campos) eingenommene

brasilianische Gebirgssystem und den größten Teil des Ama=
zonas=Tieflandes. Ehedem eine portugiesische Kolonie, hat sich
Brasilien im Jahre 1822 unabhängig erklärt, erst dem Kaiser=
tum und seit 1889 der republikanischen Staatsform sich zu=
gewandt; gegenwärtig bildet es als „Vereinigte Staaten von
Brasilien" eine Föderativrepublik.

Die dem Gebiete der Union an Größe fast gleichkommende
Republik Brasilien zählt nur 14³/₄ Millionen Einw., und auch
diese drängen sich größtenteils in die Küstenlandschaften zusammen.
Hier allein ist die Bevölkerung seßhaft und treibt Landwirtschaft.
Sie besteht vorwiegend aus M i s c h l i n g e n von Weißen,
Indianern und Negern. Unvermischte Weiße portugiesischer
Abstammung sind schon sehr selten. In den südlichen Landes=
teilen, namentlich in den fruchtbaren Staat Rio Grande do
Sul haben sich viele d e u t s c h e K o l o n i s t e n niedergelassen.
Ein stattliches Bevölkerungselement der Küstenlandschaften
bilden die seit 1888 f r e i e n Neger. Der hier betriebene
P l a n t a g e n b a u liefert in erster Linie Kaffee, dann Zucker=
rohr, Baumwolle und Tabak. Die inneren Landschaften ent=
behren noch der Kolonisten, sie werden von wilden, ganz
unzivilisierten I n d i a n e r s t ä m m e n (etwa 1 Million) durch=
strichen. Die Amazonas=Urwälder liefern Kautschuk, China=
rinde, Harze, feine Holzarten (Pernambuco= oder Brasil=,
Palisander= und Cedernholz). Der Hauptausfuhrhafen der
Produkte des Tropenwaldes ist P a r à oder Belem (50000
Einw.), an der Amazonas=Mündung; doch gehen viele Pro=
dukte desselben auch über die wichtigen Hafenstädte P e r n a m =
b u c o (Recife 190000 Einw.) und B a h i a (San Salvador
80000 Einw.). Die Hauptstadt R i o d e J a n e i r o (500000
Einw.) ist der Brennpunkt des geistigen und politischen Lebens
von Brasilien und Hauptausfuhrhafen für die Produkte des Plan=

tagenbaus, namentlich für Kaffee. Die herrliche Lage an einer prächtigen Bai und am Fuße des Orgelgebirges haben ihr den Ruf verschafft, eine der schönstgelegenen Städte der Welt zu sein.

Alle übrigen südamerikanischen Republiken waren bis Anfang des 19. Jahrhunderts spanische Kolonien. In ihnen überwiegt durchaus die aus Indianern und Weißen hervorgegangene Mischlingsbevölkerung. Die Neger treten diesen gegenüber völlig zurück, da hier wenig Plantagenbau betrieben wurde. Die indianische Bevölkerung auf den Hochlandschaften war bereits zur Zeit des spanischen Einfalls ackerbautreibend. Die wilden, von Jagd und Fischfang lebenden Indianer (Indios bravos) sind verhältnismäßig wenig zahlreich.

Die über die Ebene des La Plata und über Patagonien sich ausdehnende Republik Argentina betreibt fast ausschließlich Biehzucht, wozu sich die Weideplätze der Pampa besonders eignen. Unsere Haustiere, namentlich Rinder, Schafe, Pferde, wurden hier in der Mitte des 16. Jahrhunderts eingeführt und haben sich ungeheuer vermehrt. Die von herumschweifenden Hirten, sogenannten Gauchos, bewachten Rinder werden in großen Etablissements, den Saladeros, geschlachtet, und deren Fleisch als Konserven und Extrakt für den Export zubereitet. Aber auch lebendes Vieh, sowie Häute, Schafwolle, gelangen zur Ausfuhr. Die Waren gehen über Buenos-Ayres (561000 Einw.), der am rechten Ufer des La Plata gelegenen Hauptstadt der Republik; sie ist die größte Stadt von Südamerika und macht in ihrer ganzen Anlage europäischen Eindruck. Wenig unterhalb liegt die erst 1882 gegründete und zauberhaft schnell emporgeblühte Stadt La Plata (80000 Einw.). Die Hauptorte des Innern sind

Rosario (51000 Einw.) und Cordoba (66000 Einw.).
Am linken Ufer des La Plata breitet sich die Republik Uruguay
aus, in welcher neben vorherrschender Viehzucht auch Ackerbau
betrieben wird. Der ganze Handel konzentriert sich in der
Hauptstadt Montevideo (215000 Einw.), einer Rivalin
von Buenos=Ayres. Im Innern liegt Fray Bentos mit
den weltberühmten Liebig'schen Fleischextraktfabriken, die durch=
schnittlich jährlich 100000 Stück Schlachtvieh verarbeiten.
Zwischen Brasilien und dem nördlichen Argentina ist der
kleine Binnenstaat Paraguay eingeklemmt. Hier tritt die Vieh=
zucht vollkommen in den Hintergrund. Das Hauptprodukt ist der
sogenannte Paraguaythec, welcher in der Hauptstadt Asun=
cion (24000 Einw.) auf den Markt kommt und den Parana
hinab verschifft wird.

Das im Innern geordnetste und politisch kraftvollste
südamerikanische Staatswesen ist die Republik Chile. Sie
erstreckt sich vom 18. Breitegrad bis zur äußersten Süd=
spitze. Ihre Ostgrenze bildet der Kamm der Anden, so daß
ihre durchschnittliche Breite nur 350 km beträgt. Unter den
fremden Bevölkerungselementen sind namentlich die Deutschen
zu nennen, welche hier ein gastliches Heim gefunden haben
und als fleißige Ackerbauer, Handwerker und Kaufleute leben.
Am dünnsten bevölkert sind die nördlichen Provinzen, wo sich
die öde, salpeterreiche Wüste Atacama ausdehnt, sowie der
südliche mit Wald überkleidete Abschnitt des Landes. Dagegen
sind die mittleren Landesteile fruchtbar; hier gedeihen Weizen
und unsere Südfrüchte, hier drängt sich die dichteste Bevölkerung
zusammen, hier liegen auch die wichtigsten Städte, nämlich
die Hauptstadt Santiago (189000 Einw.) und deren Hafen=
stadt Valparaiso (105000 Einw.), die bedeutendste See=
und Handelsstadt an der Westküste Südamerikas. Bedeutend

sind auch die Erträgnisse des Bergbaus; obenan stehen Kupfer
und Silber.

Die Republik Bolivia dehnt sich von dem gleichnamigen
Hochlande bis über das Amazonas = Tiefland aus. Seine
Meeresküste hat es 1884 in einem unglücklich geführten Krieg
an Chile verloren. Der Reichtum des Landes besteht in den
mineralischen Schätzen und zwar vornehmlich in Edelmetallen;
doch hat deren Förderung sehr abgenommen. Potosi,
welches einst durch seine Silber = und Goldproduktion berühmt
war und zu Anfang des 17. Jahrhundert 160000 Einw.
zählte, ist jetzt ein kleines Städtchen von 12000 Einw. Die
Hauptstadt ist Sucre (19000 Einw.). Wichtiger ist die
Handelsstadt La Paz (40000 Einw.) in 3700 m Meeres =
höhe gelegen.

Die Republik Peru erstreckt sich von der pacifischen Küste
über die Anden bis ins Amazonas = Tiefland. Den Reichtum
des Landes bilden die Guanolager in den Küstengebieten
und die Edelmetalle, welche Peru bald nach seiner Ent =
deckung weltberühmt gemacht haben. In den Küstengebieten
werden Reis, Baumwolle und Zuckerrohr, in den höheren
Regionen die europäischen Getreidearten gewonnen. Die Haupt =
stadt Lima (100000 Einw.) ist Mittelpunkt eines großen
Handels; ihr Hafen ist Callao (35000 Einw.). Von Lima
führt eine Eisenbahn auf das Hochplateau.

Die Republik Ecuador hat ihren Namen von dem sie
durchquerenden Aequator. Zu ihr gehören auch die an Schild =
kröten reichen Galapagos = Inseln. Die Hauptprodukte
sind: Cacao, Zuckerrohr, Tabak, Kaffee. In den höheren
Regionen werden Cerealien gebaut. Die Tropenurwälder
liefern hier wie in Peru neben Chinarinde auch Kautschuk,
wertvolle Bau = und Farbhölzer 2c. Die Hauptstadt Quito

(40000 Einw.) liegt auf dem Hochplateau, das in seinem
Klima den Europäern zuträglicher ist, als die Küstenlandschaften,
in welch' letzteren der Hafenort Guayaquil den Außen=
verkehr vermittelt.

Die Republik Colombia nimmt die Nordstrecke des Kon=
tinentes ein. Die Hauptprodukte des Landes sind neben den
reichen Mineralschätzen (Gold, Silber, Kupfer) und
den Produkten des Tropenwaldes Kaffee und Tabak. Die
Hauptstadt Bogotá (84000 Einw.) liegt in 2610 m Meeres=
höhe auf einer gesunden Hochebene. Die wichtigste Hafenstadt
ist Cartagena (12000 Einw.), am Golf von Darien.

Die Vereinigten Staaten von Venezuela erstrecken sich vom
Küstengebirge über das Orinoco=Tiefland und das Hochland
von Guayana. Der Plantagenbau liefert vornehmlich Kaffee
und Cacao. Große Viehzucht wird in den Llanos betrieben.
Der Bergbau liefert unter anderem auch stattliche Mengen
Goldes (Minen von Utapa). Die Hauptstadt Caracas
(41000 Einw.) ist mit ihrer Hafenstadt La Guaira durch
eine Eisenbahn verbunden. Eine lebhafte Handels= und Hafen=
stadt ist auch Maracaibo (34000 Einw.).

Die Europäer haben auf südamerikanischem Boden nur
die heißfeuchte, sumpfige und fieberhauchende Küstenlandschaft
Guayana besetzt. Im Innern hausen wilde Indianerstämme.
Die Küstengebiete sind von Negern besiedelt, da den Europäern
das Klima todbringend ist. Das wichtigste Produkt ist Zucker=
rohr. Guayana zerfällt in Britisch=, Niederländisch=
und Französisch=Guayana. Die bezüglichen Hauptorte
sind Georgetown, Cayenne und Paramaribo.

Australien und Polynesien.

Australien und Polynesien besteht aus drei Teilen: 1. Australien mit Tasmanien, einem seit den ältesten erdgeschichtlichen Perioden unbewegt gebliebenen **Schichtungstafelland**; 2. aus dem **papuanisch-neuseeländischen Inselbogen**, zu welchem Neuguinea mit dem Bismarck-Archipel und den Salamonen, Neucaledonien und die Neuen Hebriden, sowie Neuseeland gehören, Bruchstücke eines jungen, reichlich mit **Vulkanen** besetzten Faltengebirges, wahrscheinlich die Fortsetzung des Sunda-Inselbogens; 3. aus einer weitverstreuten, **Polynesien** genannten Inselwelt, welche teils aus niederen Korallenbauten, teils aus jungvulkanischen Aufschüttungen besteht.

§ 37. Australien; physische Verhältnisse.

Der Australkontinent zeigt wie alle Südkontinente eine ungemein geringe Gliederung. Es greifen bloß im Norden der Carpentariagolf und im Süden der flache Australgolf in das Land ein. Die seichte Baßstraße trennt die Insel Tasmanien vom Festlande. Der Nordostküste von Australien entlang zieht das Große Barriere Riff, ein breiter Gürtel von Korallenriffen, der sich an vielen Stellen öffnet und in engen Meeresstraßen gestattet, aus dem stürmischen äußeren Korallenmeer in die innere ruhige See und zu den trefflichen Häfen der Küste zu gelangen.

Australien trägt im allgemeinen den Charakter eines 200 bis 300 m hohen Tafellandes, das sich von den Küsten, zu welchen es zumeist steil abfällt, allmählich gegen das Innere

senkt. Seine tiefste Stelle erreicht es in dem nur 1 m über
dem Meer gelegenen Eyre = See. Am höchsten steigt Austra=
lien im Südosten und Osten an, wo sich die Australalpen er=
heben. Diese sind wahrscheinlich zwischen der Devon= und
Carbonperiode aufgefaltet worden, da die unbedeutenden jüngeren
Ablagerungen, welche die Kette umgürten, horizontal und wenig
gefaltet den steilgestellten Silurschichten diskordant auflagern.
Die treibende Kraft, welche zur Erhebung des Gebirges führte,
scheint ein von Westen ausgehender Seitendruck gewesen zu
sein. Das Gebirge erreicht seine höchste Erhebung in dem
südlichen Abschnitt. Hier erhebt sich in der Kosciuskogruppe
der Mount Townsend (2241 m). Das Gebirge begleitet unter
verschiedenen Namen (Blaue Berge, Liverpoolgebirge mit dem
Mt. Sea View, 1829 m, Neuenglandgebirge u. a.) die
ganze Ostküste bis auf die Halbinsel York, wird aber
gegen Norden immer aufgelöster und niedriger. Die ganze
Ostküste wird von dem sommerlichen Südostpassat bestrichen,
der in den Gebirgslandschaften reichliche Regenmengen ablagert.
Daher kann sich auch hier ein größeres Flußsystem, das des
Darling = Murray, entwickeln, das aber auch nicht ent=
fernt mit den großen Flußsystemen der übrigen Kontinente zu
vergleichen ist. Der Darling entspringt in den Neuengland=
bergen und ist weniger wasserreich als der in der Kosciusko=
gruppe entspringende Murray.

Das an das Gebirge im Osten sich anlehnende Tafel=
land senkt sich allmählich zum Becken des Eyresees. Dieser
ist abflußlos; seine Zuflüsse, unter welchen der Barcu oder
Cooper der bedeutendste ist, führen nur zur Regenzeit Wasser,
in der Trockenheit lösen sie sich in eine Flucht von nicht zu=
sammenhängenden Lachen auf. Man nennt derartige Fluß=
adern in Australien Creeks. Die Senke des Eyresees setzt sich

nach Süden gegen den Spencergolf fort, indem sie dabei stetig anſteigt; eine Anzahl flacher und ſeichter Salzſeen (Gairdner=, Island=, Torrensſee) bezeichnet ihren Verlauf.

Weſtlich vom 136.° öſtlicher Länge breitet ſich das auſtraliſche Tafelland aus, ein durchſchnittlich 200 m hohes Flachland, über welches ſich ſtellenweiſe höhere Berggruppen erheben. Am höchſten erheben ſich die das Zentrum des Kontinentes einnehmenden Mac Donnel=Berge (bis 1600 m), in welche der Amadeusſee eingebettet iſt.

Die nördlichen Küſtenlandſchaften des Tafellandes ſtehen noch unter der Herrſchaft des ſommerlichen regenreichen Nord=weſtmonſuns, während die Süd= und Weſtküſten ſubtropiſche Winterregen erhalten. Das Innere entbehrt zwar keineswegs des Regens (15—20 cm jährl.), doch fällt er ſelten und unregelmäßig. Hiezu kommt die hohe ſommerliche Erhitzung des Innern über 34° C. Ja die Sommermaxima erheben ſich bis auf 46° C. Daher iſt das auſtraliſche Tafelland nur von Steppen und öden Wüſten erfüllt; letztere, die große Sand=wüſte und Viktoriawüſte, teilen die Pflanzen= und Waſſernot der afrikaniſchen Wüſte. Die Steppen ſind mit grünendem Grasland überzogen; ſtellenweiſe finden ſich wohl auch lichte parkähnliche Bauminſeln, größtenteils von Gummibäumen (Eukalypten) gebildet. Ein großer Teil des inneren Tafel=landes iſt mit dichtem Geſtrüpp, dem Scrub, bedeckt. Dieſe Vegetationsform iſt der Fluch Auſtraliens, denn der Scrub iſt ganz unbenützbar und undurchdringlich; in ſeiner grauen Färbung macht er einen ungemein öden Eindruck. Selbſt das Feuer vermag den Scrub nur ſchwer und auf kurze Strecken zu zerſtören.

Ungemein arm iſt die Fauna Auſtraliens. Von Säuge=tieren beſitzt es neben einem wild herumſchweifenden Hund

(Dingo) faſt nur die Beuteltiere, darunter das Rieſen=
känguruh, deſſen Jagd noch immer lohnend iſt, und das
Schnabeltier. Von einheimiſchen Vögeln ſeien erwähnt der
Emu, der auſtraliſche Strauß, und die Schopftauben.

§ 38. Bevölkerung, Kultur. Siedlungen.

Angeſichts der phyſiſchen Dürftigkeit des Kontinentes, ſo=
wie des Mangels an einheimiſchen Haustieren und wichtigeren
Nahrungspflanzen wird man begreiflich finden, daß die einheimi=
ſche Bevölkerung, die Auſtralneger, auf der unterſten Kulturſtufe
verbleiben mußten. Die Bemühungen der Europäer, ſie für
die Kultur zu gewinnen, ſcheiterten an dem Hang zu unthätigem
Leben und zum Umherſchweifen. Da ſie von den Koloniſten
aus den begünſtigten Landesteilen in die öden Wüſten und
Steppen=Gegenden zurückgedrängt wurden, ſo nehmen ſie raſch
an Zahl ab; überdies werden ſie durch europäiſche Krank=
heiten decimiert. Auf Tasmanien ſind die Auſtralier ſeit
1869 vollſtändig ausgeſtorben. Auf dem Kontinente dürften
ſie nur mehr 200 000 Seelen ſtark ſein.

Auſtralien wurde zwar ſchon im 16. Jahrhundert ent=
deckt, doch erhielt es erſt zu Ende des 18. Jahrhunderts
europäiſche Beſiedlung, und zwar gründeten 1788 die Eng=
länder die Verbrecherkolonie Neu=Südwales. Mit Anfang
des 19. Jahrhunderts folgte der erſte Zuzug freier Ein=
wanderer, der ſich ſeit 1851, wo man in Neu=Südwales und
kurz darauf in Victoria, ſpäter auch in Queensland und Süd=
auſtralien Gold fand, ganz außerordentlich ſteigerte. In
erſter Linie waren die Einwanderer engliſcher, dann
deutſcher Nationalität. In neuerer Zeit ſucht man die immer
mehr anſchwellende Einwanderung der Chineſen fernzuhalten.
Gegenwärtig beträgt die Bevölkerung Auſtraliens etwa $3\frac{1}{2}$

Millionen, unter welchen die Engländer entschieden vor=
herrschen. Dementsprechend dominiert die englische Sprache
und die anglikanische Hochkirche.

Von den Europäern wurden fast alle europäischen und
manche tropische Kulturpflanzen nach Australien gebracht.
Neben Getreide, Wein, Obst, Feigen, Datteln, Orangen,
Limonen findet man Zuckerrohr, Tabak, Baumwolle, Indigo,
ja selbst den Theestrauch. Die Getreideproduktion
(namentlich Weizen) überschreitet schon den einheimischen Be=
darf, und große Massen gelangen zur Ausfuhr. Weit größere
Bedeutung als der Bodenbau hat die Zucht der europäischen
Haustiere. Am wichtigsten ist die Schafzucht. Das
Schaf, welches bei dem armen Futter, bei welchem Pferde und
Rinder umkommen würden, gedeiht und welches tagelang, ja
bei Grünfutter wochenlang des Wassers entbehren kann, ist
das richtige Haustier für den wasserarmen Kontinent. Sydney
und Melbourne sind die ersten Wollmärkte der Welt.
Durch die gesteigerte Produktion ist die europäische Schafzucht
konkurrenzunfähig geworden. Von hoher Wichtigkeit ist auch
die Rindviehzucht; deren Produkte (konserviertes und
gefrorenes Fleisch, Talg, Häute) gelangen in stets steigenden
Mengen zur Ausfuhr.

Australien ist nach Amerika das bedeutendste Goldland
der Erde. Aber auch Silber, Kupfer, Zinn und Eisen
werden gefördert. Von hoher Wichtigkeit ist das Vorkommen
ausgedehnter Kohlenlager im Osten des Kontinentes, nament=
lich in Neu=Südwales. Australische Kohle wird jetzt nach
Süd= und Ostasien, wie nach Südamerika verschifft.

Australien ist in seinem ganzen Umfange britischer Besitz.
Es zerfällt gegenwärtig in fünf von einander vollkommen
unabhängige Kolonialstaaten, die auch mit dem Mutter=

lande in nur mehr sehr losem Zusammenhang stehen. In
Neu-Südwales, der ältesten britischen Kolonie, liegt an
der Küste die Hafenstadt Sydney (486 000 Einw.), der
Ausgangspunkt der Eisenbahnen ins Innere und Station
großer Dampferlinien, welche den Verkehr mit den Häfen
Europas, Ostindiens, Chinas und der amerikanischen West-
küste unterhalten. Die zur Kolonie gehörige Brocken Hill-
Silbermine in der Barrier Range an der westlichen Grenze
der Kolonie zählt jetzt zu den reichsten Silberminen der Erde.
Bathurst ist durch seine Goldfelder bekannt geworden.

Victoria, der dichtest bewohnte der Australstaaten, hat
sich nach Auffindung von Goldlagerstätten durch massenhafte
Einwanderung blühend entwickelt. Es ist auch kein Rückschlag
eingetreten, als die Ergiebigkeit der Goldlager abnahm, es
wendete sich vielmehr die Bevölkerung dem landwirtschaftlichen
Betriebe zu. Die Hauptstadt Melbourne (490 000 Einw.),
an der prächtigen Port Philippbai, ist eine gleich wichtige
Hafenstadt wie Sydney. Ballarat und Sandhurst gewinnen Gold.

Die Kolonie Südaustralien umfaßt den ganzen mittleren Streifen des Kontinentes von der Süd- bis zur Nordküste. Die Hauptstadt ist Adelaide (133 000 Einw.) am
St. Vincentgolf; von hier geht der Ueberlandtelegraph
nach Port Darwin an der Nordküste.

Die Kolonie Queensland treibt neben tropischer
Kultur (Zuckerrohr) auch Bergbau auf Kohle und verschiedene
Erze. Die Hauptstadt ist Brisbane (94 000 Einw.). Die
Kolonie Westaustralien ist zum großen Teil öde Wüste.
Besiedelt sind nur der Südosten und wenige Punkte an der
West- und Nordküste. Der Hauptort ist das noch unbedeutende
Perth (10 000 Einw.).

Die Insel Tasmanien bildet eine eigene britische Kolonie. Sie ist von einem bis über 1600 m ansteigenden Mittelgebirge erfüllt und erfreut sich eines milden, regenreichen Klimas. Daher haben hier der Ackerbau und die Obstkultur besondere Pflege gefunden. Die Hauptstadt ist Hobart (29000 Einw.).

§ 39. **Der papuanisch-neuseeländische Inselbogen.**

Während Neuseeland bereits unter gemäßigter Zone liegt, steht die nördliche, eigentlich papuanische Inselgruppe unter der Herrschaft des feucht-heißen Tropenklimas, das den größten Teil der Inseln mit einem dicht-verschlungenen Tropen= urwald überkleidet hat. Der Europäer vermag dem Klima wegen der Tropenfieber nicht Stand zu halten. In wald= freiem Gebiete wirft die Plantagenkultur (Baumwolle, Zuckerrohr, Kaffee) reiche Erträgnisse ab. Die papuanischen Inseln werden von den büschelhaarigen Papuas bewohnt, die in Pfahlbauten und Baumdörfern seßhaft sind. Sie scheinen gut veranlagt zu sein, und es ist die Hoffnung nicht ausgeschlossen, sie für eine höhere Kultur zu gewinnen. Gegenwärtig stehen sie kulturell noch sehr tief; manche Stämme sind noch Menschen= fresser.

Die große Insel Neuguinea wird von einem hohen bis 6000 m (?) ansteigenden Gebirge durchzogen. In ihren Be= sitz teilen sich die Holländer, Engländer und Deutschen. Im deutschen Gebiete, Kaiser Wilhelmsland genannt, liegt an der hafenreichen Küste der Friedrich-Wilhelm-Hafen, der Sitz des deutschen Landeshauptmannes. Deutscher Besitz sind auch der vorlagernde, vulkanische, bis 2000 m ansteigende Bismarck-Archipel und die Nordhälfte der gleichfalls vulkanischen Salomonen, während ihre Südhälfte von den Briten besetzt sind. Britisch sind auch die mit üppiger

Vegetation bekleideten und bis 1200 m ansteigenden Fidschi-
Inseln. Ihre papuanische Bevölkerung steht auf hoher
Kulturstufe, hat bereits das Christentum angenommen,
nimmt aber infolge eingeschleppter Krankheiten stetig ab. Die
Hauptprodukte der Inseln sind Cocosnüsse, Zuckerrohr, Baumwolle, Kaffee. Noch u n a b h ä n g i g sind die vulkanischen N e u e n
H e b r i d e n und die S a n t a C r u z = I n s e l n, ebenfalls von
zum Christentum bekehrten Papuas bewohnt. Die langgestreckte Insel N e u = C a l e d o n i e n, welche von einer alten
bis 1650 m ansteigenden Gebirgskette durchzogen wird, sowie
die vorlagernden Korallenbauten der Loyalty=Inseln sind f r a n z ö-
s i s c h e r Besitz. Das Hafenstädtchen N o u m é a treibt regen Handel
mit den Südseeprodukten.

Neuseeland besteht aus der Nord= und Südinsel, welche
durch die Cookstraße von einander getrennt werden. Im
weiteren Umkreis liegen zahlreiche vulkanische Inselgruppen. Die
Nordinsel wird von einem niedrigen Plateau= und Hügelland
erfüllt, über welchem thätige und erloschene Feuerberge (Mt.
Egmont 2500 m) kulminieren und das vielfach typische Vul-
kandistrikte mit Geysirs, Schlammvulkanen, Solfataren zeigt.
Die Südinsel wird ihrer ganzen Erstreckung nach von den
neuseeländischen Alpen, einem aus älteren Gesteinen
aufgebauten Faltengebirge, durchzogen, das steil gegen Westen
abfällt und im Südwesten eine typische Fjordküste bildet, nach
Osten sich aber allmählich zu schmalen Küstenebenen abdacht.
In ihrem zentralen Teile sind die neuseeländischen Alpen stark
vergletschert; hier erhebt sich der kulminierende Gipfel, der
Mt. Cook (3768 m).

Neuseeland erfreut sich eines sehr gemäßigten, regenreichen ozeanischen Klimas und dementsprechend großer Fruchtbarkeit. Der Winter ist so milde, daß im Wachstum der

Pflanzen kaum ein Stillstand eintritt und viele Blumen den ganzen Winter hindurch blühen. Von einheimischen Nutz= pflanzen hatte Neuseeland nur eine Flachsart, eine eßbare Farnwurzel und die das bernsteinähnliche Dammaraharz liefernde Kaurifichte. Die Säugetiere fehlten bis auf zwei Fleder= mausarten ganz. Charakteristisch sind die flügellosen Vögel, von welchen der riesige Moa erst vor kurzem ausgestorben ist. Die einheimische Bevölkerung, die hochbegabten malayischen Maori, sind durch die Briten immer mehr zurückgedrängt worden und im Aussterben begriffen, so daß sich ihre Zahl nur mehr auf 42 000 beläuft. Die britischen Einwanderer haben alle europäischen Kulturpflanzen und Haustiere nach Neuseeland gebracht, und jetzt bilden den Reichtum der Insel seine reichen Getreideernten und die Produkte der Schafzucht. Der Bergbau fördert neben Gold auch andere Metalle. Ganz Neuseeland ist britischer Besitz. Die Hauptorte der Nordinsel sind Wellington (32 000 Einw.) und Auckland (36 000 Einw.), die der Südinsel Dunedin (46 000 Einw.) und Christchurch (37 000 Einw.).

§ 40. Polynesien.

Die polynesische Inselwelt, auch Ozeanien genannt, durch= schwärmt den ganzen Pacifischen Ozean auf eine Länge von 117°. Am westlichsten liegen die Palau=Inseln unter 134½° öftl. L. v. Gr., am östlichsten erhebt sich die einsame Osterinsel unter 109° westl. L. v. Gr. aus dem Meere. Die polynesische Inselwelt genießt ein glückliches, durch den Einfluß des Ozeans gemildertes Tropenklima. Die mittleren Temperaturen des wärmsten Monats steigen nicht über 27° C, während die= jenigen des kältesten Monats nicht unter 20° C sinken. Es ist demnach die Wärmeschwankung eine äußerst geringfügige, es herrſcht hier ein ewiger Sommer. Dementſprechend iſt auch die Vegetation eine üppige, wenn auch artenarme. Im Gegenſatz zum Auſtralkontinent finden ſich einheimiſche Nutzpflanzen über die ganze Inſelwelt verbreitet; es ſind dies Brotbaum, Pádanus, Bataten, Yams und vor allem die hochwichtige Kokospalme, deren Kokosnüſſe und getrocknete Kerne (Kopra) auch jetzt noch den Haupthandelsartikel Poly= neſiens bilden. Die höheren Inſeln ſind mit prächtigen Waldungen überkleidet, doch werden deren Nutzhölzer noch nicht ausgebeutet. Die Thierwelt Polyneſiens iſt eine gleichartige und zumeiſt durch Vögel vertretene. Reptilien ſind ſehr ſelten. Urſprüngliche Säugetiere fehlen gänzlich, doch wurde das Schwein und der Hund von den malayiſchen Ureinwohnern auf ihren Wanderungen über alle Inſeln ver= breitet; desgleichen wurde auch das Haushuhn in dieſer Weiſe überall heimiſch gemacht.

Die Bevölkerung der Inſelwelt, die Polyneſier, ſind ein Zweig der großen malayiſchen Völkerfamilie; ſie haben ſich vom ſüdöſtlichen Aſien allmählich über die ganze Inſelwelt verbreitet. In den weſtlichen Archipelen haben ſie ſich vielfach mit den Papuas vermiſcht, wodurch die Mikroneſier entſtanden ſind, in welchen aber das malayiſche Blut durchſchlägt. Die Polyneſier hatten ſchon ehe ſie mit den Europäern bekannt würden, eine hohe Kulturſtufe erreicht; ſie trieben Ackerbau und Viehzucht und lebten in geordneten Staatsweſen. Aller= dings waren bei ihnen auch die Menſchenfreſſerei, ſowie Kindesmorde üblich. Menſchenopfer ſchloſſen ſich an die Toten= feſte an, ſie wurden von den Prieſtern beim Bau von Tempeln gefordert, vor Beginn des Krieges ꝛc. Seitdem die Polyneſier mit den Europäern in Verkehr getreten ſind, haben ſich dieſe Verhältniſſe geändert. Sie wurden ohne Widerſtreben zum

Christentum bekehrt, haben europäische Werkzeuge erhalten und europäische Bedürfnisse kennen gelernt. Aber der Verkehr mit den Europäern erwies sich für die Polynesier verhängnisvoll. Durch Einführung berauschender Getränke und europäischer Krankheiten verringert sich ihre Zahl beständig. Der größte Teil Polynesiens ist in den Händen europäischer Mächte (England, Deutschland, Frankreich, Spanien), nur wenige Inselgruppen erfreuen sich noch der Unabhängigkeit.

Den Deutschen gehören die Marshall Inseln, niedere Korallengruppen, deren einziges Handelsprodukt Kopra ist. Sie sind wie auch die spanischen Karolinen von Mikronesiern bewohnt. Die westlichste Gruppe der Karolinen bilden die Palau=Inseln. Spanischer Besitz sind ferner die meridional ziehenden Marianen oder Ladronen. Die Eng= länder haben die Gilbert= oder Kingsmill=Inseln, die durch ihre reichen Guanolager wichtigen Union= oder Tokelau=Inseln, ferner die Phönix= und Manihiki= Inseln, mehrere der sogenannten zentralpolynesischen Spo= raden (Christmas, Caroline u. a.), sowie die Cook= oder Herveh=Inseln besetzt. Mit Ausnahme der letzteren, welche vorwiegend vulkanischer Natur sind, bestehen alle der genannten Inselgruppen aus niederen Korallenbauten.

Französisch sind die Gesellschafts=, Marque= sas=, Tubuai= und Paumotu= oder Niedrige In= seln. Die von Korallenriffen umrandeten Gesellschaftsinseln sind durchaus bergig und vulkanischer Natur. Das paradiesische Tahiti, die größte der Inseln, erhebt sich im Orohena bis 2238 m Meereshöhe. Vulkanisch sind auch die Tubuai= oder Austral=Insel (bis 650 m ansteigend). Die Paumotu=Inseln sind flache Korallen= und fast ausnahmslos Laguneninseln.

Die Marquesasinseln sind aus alten Gesteinen aufgebaut und steigen bis 1260 m an.

Die höchsten Gipfel Polynesiens tragen die weit nach Norden vorgeschobenen, durchaus vulkanischen Sandwich- oder Hawaii-Inseln. Die größte Insel, Hawaii, hat auf einer 1200 m hohen Hochebene den erloschenen Vulkan Mauna Kea (4210 m) und den noch thätigen Mauna Loa (4163 m), an dessen Westabhang der Kratersee Kilauea liegt. Die Sandwichinseln bilden eine selbständige Republik,*) von einem geistig trefflich veranlagten Volke bewohnt. Die Bedeutung der Inselgruppe liegt nicht so sehr in der Fülle ihrer Naturprodukte, als vielmehr in der Weltlage, durch welche sie der Kreuzungs- und Ruhepunkt des Schiffahrtsverkehrs zwischen Asien, Amerika, Australien und Polynesien wurde. Dank diesem Umstande blüht die Hauptstadt Honolulu (23000 Einw.), auf der Insel Oahu, empor.

Unabhängig sind auch die vulkanischen Gruppen der Tonga- oder Freundschaftsinseln und der Samoa- oder Schifferinseln, welch' letztere bis 1640 m Meereshöhe ansteigen. Nur die östliche Reihe der Tongainseln besteht aus niederen Korallenbauten. Das größtenteils von den Deutschen besiedelte Apia auf der samoanischen Insel Upolu ist einer der wichtigsten Handelsorte Polynesiens.

---

*) Vor Kurzem hat die nordamerikanische Union die Inselgruppe besetzt. Doch blieb diese Annexion nicht ohne Einspruch, namentlich von Seiten Japans.

Die Polargebiete.

§ 41. Ausdehnung und physische Verhältnisse der arktischen und antarktischen Gebiete.

Die Polargebiete zerfallen in die um den Nordpol (arktische) und die um den Südpol (antarktischen) lagernden Gebiete. In die Nordpolarregionen unternahmen die Engländer und Holländer schon zu Ende des 15. Jahrhunderts die ersten Fahrten; sie wurden von dem Bestreben geleitet, nördliche Wege nach Indien und China zu finden, und zwar suchte man eine nordwestliche Durchfahrt längs der Nordküste Nordamerikas und einen ordöstlichste Durchfahrt längs der Nordküste Asiens. Beide Probleme wurden erst in unserem Jahrhundert gelöst. Mac Clure fand 1850—54 die nordwestliche Durchfahrt, und Nordenskiöld kam 1878/79 um die Nordküste Asiens herum. In beiden Fällen wurde die Unbrauchbarkeit dieser „Durchfahrten" für einen regel= mäßigen Schiffsverkehr nachgewiesen. Daneben war das Streben der Polarforschung unseres Jahrhunderts auf die Erreichung des Nordpoles gerichtet. Dem kühnen Norweger Nansen ist es 1895 gelungen, sich dem Nordpol bis auf 421 km zu nähern. Er kam bis in 86° 14′ Nordbreite; ungünstige Eisverhältnisse und eine südliche Trift zwangen ihn nahe dem ersehnten Ziel zur Umkehr. Noch immer aber ist das völlig unbekannte arktische Gebiet, welches noch keines Menschen Fuß betreten, so groß wie das europäische Rußland. Weit schlechter ist es mit unserer Kenntnis der Südpolar= region bestellt. Nachdem Cooks Weltfahrten (1772/75) die fabelhafte Vorstellung eines großen Südpolarlandes, einer terra australis zerstört hatte, wurden erst seit den Zwan=

ziger Jahren des 19. Jahrhunderts wieder Vorstöße ver=
sucht und James Clarke Roß gelangte 1842 unter 161°
27′ W bis 78° 9.5′ Südbreite. Seitdem ruhen alle
Forschungen in der Antarktis, trotzdem zu wiederholten Malen
von verschiedenen Seiten deren Wichtigkeit betont wurde. So
kommt es, daß, wie Supan bemerkt, die geographische Kenntnis
auf der südlichen Halbkugel am Ende des 19. Jahrhunderts
auf demselben Standpunkte steht wie am Ende des 16. Jahr=
hunderts auf der nördlichen Halbkugel, und daß die unbekannte
Antarktis doppelt so groß ist als ganz Europa!

Die Nordpolarregion wird allseitig von Landmassen um=
randet. Ihren westlichen Abschnitt bilden die nordameri=
kanische Inselwelt und Grönland. Erstere besteht
aus zahlreichen Inseln, welche durch die nordwestliche Durch=
fahrt, eine Flucht von seichten westöstlichen Meeresstraßen,
in eine nördliche und südliche Gruppe zerfällt. Die Inseln
sind niedrig, nur selten über 500 m Meereshöhe ansteigend.
Bloß Baffins=, Grinell= und Grant=Land haben an ihren Ost=
küsten größere Erhebungen und fallen hier steil zum Meere
ab. Die mittleren Monatstemperaturen des kältesten Monats
liegen zwischen 32—40 °C, die des wärmsten Monats zwischen
‾3—5 °C. Die Niederschlagsmengen sind gering. Im Sommer
sind die ebenen Gebiete des Archipels vom Schnee entblößt,
so daß eine reichere Vegetation aufkommen kann, die Bisam=
tieren und Renntierherden Nahrung liefert und dadurch auch
die Existenz einiger Eskimohorden ermöglicht. Politisch
gehören die Inseln zu Britisch=Nordamerika.

Von der nordamerikanischen Inselwelt wird Grönland
(2,169 750 ⃞ km) durch die Baffinsbai und den Smithsund
getrennt. Grönland bildet ein mächtiges, im Mittel 2000 m
hohes Hochland, das steil zum Meere abfällt und zwar im

Osten steiler als im Westen. Tiefe Fjorde, in welche riesige Gletscher münden, schneiden in das Land ein. An dem Franz-Josef-Fjord, an der Ostküste, erheben sich Gipfel bis über 4000 m. Das ganze Innere ist unter einem dicken Eismantel verhüllt und zwar bis in die Nähe der südlichen und westlichen Küsten, so daß nur ein schmaler 15—100 km breiter Küstensaum erübrigt, der sich notdürftig für menschliche Siedlungen eignet. Hier leben unter dänischer Herrschaft etwa 10000 Eskimo und 300 Europäer. Die Hauptorte, von wo nach Dänemark Thran, Walfisch- und Robbenspeck, Robbenfelle, Renntierhäute, Eiderdunen ⁊c. verschickt werden, sind Upernivik, Godthaab und Julianehaab. Die übrigen Inseln des Polarmeeres: Jan Mayen, Spitzbergen, Franz-Josef-Land, Nowaja Semlja sind unbewohnt, doch werden sie im Sommer von Seehund- und Walroßfängern häufig besucht. Reich ist hier die nordische Vogelwelt vertreten, und von Säugetieren finden sich neben Eisbär auch Polarfuchs und Schneehase.

Jan Mayen ist durchaus vulkanisch und steigt im Beerenberg bis 2545 m an. Die Inselgruppe von Spitzbergen ist aus Granit und Sedimentgesteinen aufgebaut und steigt bis 1400 m an. An vielen Stellen soll sie reiche Steinkohlenlager bergen. Das ganze Franz-Josef-Land besteht aus Basalt und dürfte einst eine zusammenhängende basaltische Landmasse gebildet haben, die aber jetzt durch zahlreiche Kanäle und Fjorde in kleine Inselchen zerschnitten ist. In der Regel steigt das Land nicht bis zu 600 m Höhe an, nur stellenweise werden 900 m erreicht.

Die Doppelinsel Nowaja Semlja ist eine Fortsetzung des Ural und gehört den Russen. Oestlich von Spitzbergen, Franz-Josef-Land und Nowaja Semlja dehnt sich nach Nansens Entdeckung ein 3300—3500 m tiefes Meer aus, als Fortsetzung der zwischen Grönland und Spitzbergen sich hinziehenden Eismeertiefe.

Im Gegensatz zu der vielfach gegliederten, von Land=massen umgebenen Nordpolarregion ist die antarktische Region allseitig vom Ozean umspült und weit von den Kontinental= massen entfernt. Man hat bis jetzt nur einzelne, von ge=waltigen Packeis=Massen umlagerte Landkomplexe entdeckt, welche durchwegs steile Küstenbildung zeigen und rasch vom Meere aus zu bedeutender Höhe ansteigen. Die wichtigsten sind das Graham=, Victoria= und Wilkesland. An der Küste des Victorialandes erheben sich die mächtigen Vulkane (?) Erebus (3763 m) und Terror (3317 m). Ob diese Landkomplexe zusammenhängen, ist noch unerforscht. Manche nehmen das Vorhandensein eines großen Festlandes, das den Südpol umgürte, an, andere glauben nur an un=zusammenhängende größere und kleinere Inselgruppen. Das Klima ist nicht nur durch tiefe Winter=, sondern auch sehr niedere Sommertemperaturen charakterisiert. Selbstverständ=lich beschränkt sich bei der eisigen, der Vegetation abholden Oede das Tierleben fast ganz auf den Ozean; nur die Felshänge sind von zahllosen Vogelscharen belebt.

Statistische Tabellen.

1. Areal und Bevölkerung der Erde.

Erdteile.	Areal in km².	Bevölkerung.	Pro km².
Asien	44.300 000	830.000.000	18.7
Europa	9.700.000	373.000.000	38.5
Afrika	29.800.000	170.000.000	5.3
Amerika	38.400.000	133.000.000	3.4
Australien u. Polynesien	9.000.000	6 000.000	0.7
Polargebiete	4.500.000	15.000	—
Landfläche	135.700.000	1.512.000.000	11
Unbekannte Polargebiete	26.400 000	—	—
Meer	347.900.000	—	—
Erde	510.000.000	—	—

2. Areal und Bevölkerung
der unabhängigen, nicht europäischen Mächten unterworfenen Staaten und Gebiete.

Staaten.	Areal in km².	Bevölkerung.
In Asien.		
China	11.081.000	357.250.000
Japan	417.000	44.050.000
Persien	1.645.000	9.000.000
Korea	219.000	7.500.000
Siam	630.000	5.000.000
Afghanistan	550.000	5.000.000
Himalajastaaten	218.000	3.300.000
Unabhängiges Arabien mit Oman .	2.483.000	2.100.000
In Afrika.		
Marokko	812.000	8.000.000
Unabhängige Saharagebiete . .	6.300.000	2.500.000

Staaten.	Areal in km².	Bevölkerung.
Unabhängiger Sudan	3 900.000	63.000.000
Abeissinien	508.000	4.500.000
Liberia	85.000	2.000.000
Südafrikanische Republik	327.000	837.000
Oranje-Freistaat	131.000	208.000
In Amerika.		
Vereinigte Staaten	9.210.000	69.500.000
Mexico	1.947.000	12.300.000
Guatemala	125.000	1.400.000
Honduras	120.000	400.000
Salvador	21.000	800.000
Nicaragua	124.000	351.000
Costarica	54.000	253.000
Haïti	29.000	960.000
Dominikanische Republik	48.000	504.000
Venezuela	1.043.000	2.324.000
Columbia	1.203.000	3.900.000
Ecuador	307.000	1.400.000
Brasilien	8.361.000	14.700.000
Peru	1.137.000	3.000.000
Bolivia	1.334.000	2.270.000
Chile	776.000	3.400.000
Paraguay	253.000	480.000
Uruguay	179.000	825.000
Argentina	2.790.000	3.964.000
In Polynesien.		
Hawaii	17.000	100.000
Samoa-Inseln	2.800	36.000
Tonga-Inseln	1.000	20.000
Kleinere unabhängige Inselgruppen (Hebriden, St. Cruz-Inseln ꝛc.) .	14.000	100.000

3. Die von europäiſchen Mächten beſetzten außereuropäiſchen Gebiete.

Mächte.	Aſien. Areal in km².	Aſien. Bevölkerung.	Afrika. Areal in km².	Afrika. Bevölkerung.	Amerika. Areal in km².	Amerika. Bevölkerung.
Deutſches Reich	—	—	2.385.000	6.950.000	—	—
Großbritannien	5.324.000	297.000.000	5.970.000	27.300.000	8.710.000	7.000.000[1]
Rußland	16.523.000	19.000.000[1]	—	—	—	—
Frankreich	706.000	23.000.000	2.977.000	19.000.000	82.000	416.000
Türkei	1.836.000	15.400.000	1.734.000	7.600.000[2]	—	—
Spanien	296.000	7.000.000	9.724.000	340.000	128.000	2.400.000
Italien	—	—	247.000	200.000	—	—
Portugal	20.000	940.000	2.127.000	13.500.000	—	—
Niederlande	1.582.000	33.000.000	—	—	130.000	120.000
Belgien	—	—	2.253.000	14.000.000[3]	—	—
Dänemark	—	—	—	—	359	33.000

[1]) Ferner die ruſſiſchen Vaſallenſtaaten (265.000 km², 2.000.000 Einw.).
[2]) Tripoli und der Tributärſtaat Aegypten.
[3]) Kongoſtaat.
[4]) Ohne arktiſche Inſeln und Südgeorgia.

3. Die von europäischen Mächten besetzten außereuropäischen Gebiete.

Mächte.	Australien.		Polynesien.		Polargebiete.	
	Areal in km².	Bevölkerung.	Areal in km².	Bevölkerung.	Areal in km².	Bevölkerung.
Deutsches Reich . .	—	256.000	400.000	—	—	—
Großbritannien . .	7.695.000	3.523.000¹)	545.000	1.350.000	781.000²)	—
Rußland . . .	—	—	—	—	130.000³)	—
Frankreich . . .	—	—	27.680	95.000	—	—
Türkei . . .	—	—	—	—	—	—
Spanien . . .	—	—	2.600	46.000	—	—
Italien . . .	—	—	—	—	—	—
Portugal . . .	—	—	—	—	—	—
Niederlande . .	—	—	397.000	238.000	—	—
Belgien . . .	—	—	—	—	—	—
Dänemark . . .	—	—	—	—	88.000	10.500⁴)

¹) Mit dem papuanisch-neuseeländischen Inselbogen. Mit Tasmanien.
²) Nordamerika, arktische Inseln und Südgeorgia.
³) Nowaja Semlja und neusibirische Inseln.
⁴) Ohne Island.

Sammlung Göschen.

Je in elegantem Leinwandband **80 Pf.**

G. J. Göschen'sche Verlagshandlung, Leipzig.

Sammlung Göschen.

Je in elegantem Leinwandband 80 Pf.

G. J. Göschen'sche Verlagshandlung, Leipzig.